中国に
呑み込まれていく
韓国

韓国語翻訳者
山本光一
Kouichi Yamamoto

飛鳥新社

まえがき

アジアが各地で大きく揺れている。揺さぶっているのは中国だ。

2012年11月、中国共産党総書記に就任した習近平は「中国の夢」を実現すると宣言した。

「私は中華民族の偉大な復興の実現が、近代以降の中華民族の最も偉大な夢だと思う」

中華民族の偉大な復興。建国百周年の2049年までにこれを実現し、世界を制覇する。習近平はこの夢を「中華民族一人ひとりが共通して待ち望んでいる」ものだとした。以来、中国共産党は国内で「中華民族」という全体主義的概念に強引に取り込むかたちで漢族による他民族の同化政策を進めてきた。

ジェノサイド（民族抹殺）が進む新疆《しんきよう》ウイグル自治区。長く厳しい統制下に置かれたままのチベット自治区。人権蹂躙《じゆうりん》も深刻だ。内モンゴル自治区では、2020年9月から小中学校で標準中国語の教育が強化され、母語（モンゴル語）が外国語扱いされるようになった。延辺《えんぺん》朝鮮族自治州など、他の少数民族の居住地でも事情は同じ。皆、文化的ジェノサイドの危機に瀕《ひん》する。

香港では自由と民主主義の圧殺が完了しつつある。この事態を目《ま》の当たりにした台湾では国民の反中感情が高まり、反中国派の蔡英文《さいえいぶん》が史上最多得票で20年1月の総統選を制したものの、中国の露骨な軍事的圧力を受け、日米に支援を求めている。

南シナ海でも中国は侵略行為を続ける。海面上に露出する唯一の岩礁《がんしょう》を領土と主張し、その周囲に人工島を建設、軍事施設まで設けている。国際仲裁裁判所は16年、中国の主張は国際法に違反するとしてフィリピンが中国を訴えた裁判で、中国が海洋法に関する国際連合条約に違反していると認める判決を下した。だが、国際仲裁裁判所に判決を強制執行する権限はなく、中国は国際社会の圧力などものともせず、傍若無人《ぼうじゃくぶじん》に振る舞い続けている。

20年5月には中印国境でも紛争が再燃し、殴り合いによる衝突で、約半世紀ぶりに死者を出す事態となった。21年2月、ミャンマーでは国軍がクーデターで政権を奪取した。軍による市民への弾圧が激化し多数の死者を出すなか、この国に大きな影響力を持つ中国の動向が注視されている。

日本とて例外ではない。尖閣諸島沖で領海侵入を繰り返しながら日本を圧迫し続けている中国は21年2月1日、新たな海警法を施行して、さらに緊張を高めた。海警局に「武器使用の権限を付与する」としたのだ。武器使用の対象には漁船だけでなく海上保安庁の巡視船も含まれる。海保が武器使用する際の要件を緩和する法整備が急がれる。

米中対立も激化している。米国は中国の一帯一路構想や海洋進出を念頭に、軍事力で中国を牽制《けんせい》するため、16年8月のアフリカ開発会議（ケニア）で安倍晋三首相（当時）が提唱した「自由で開かれたインド太平洋戦略」を重視。17年11月、これを日米両国の共同戦略にすることとし、クアッド（Quad　日米豪印安全保障対話）構想を固めた。18年5月にはアジア太平洋軍司令部を「インド太平洋軍司令部」に改称、以後、米国は日本と共に太平洋からインド洋にかけて、豪印も組み入れて合同軍事演習を重ね、4カ国は結束を強めている。

西欧諸国もこれに呼応してきた。英国は最新鋭空母「クイーン・エリザベス」を中核とする空母打撃群を今春から日本周辺に長期滞在させ、フランスも今年、日米の軍事演習に艦隊を派遣することに。ドイツも、インド太平洋への軍艦派遣を表明している。私たちにとって心強い動きだ。

東アジア諸国を対象にクワッドを拡大した「クワッド・プラス」も構想されている。だが、ASEAN（東南アジア諸国連合）諸国は中国との関係を考慮して尻込みする。韓米同盟を国防の軸とする韓国も、中国の圧力の下《もと》、この「反中戦略」には及び腰だ。

韓国政府は、米国が首脳会談などでこのインド太平洋戦略にふれるたびに、独自の「新南方政策」（韓国なりにASEAN諸国との経済協力を図ること）を示して直接的な言及を避けてきた。文在寅《ムンジェイン》大統領も19年6月に訪韓したトランプ大統領との首脳会談後、「韓国の新南方政策と米国のインド太平洋戦略の調和を図りながら協力する」と語り、「付かず離れず」の曖昧《あいまい》な姿勢を示した。

クアッド構想を具体化していく動きが本格化するのは、これからだ。韓国はどうするのか？中国に配慮してまったく関わらないのか？　それとも、一定程度、関与するのか？　また、日米は、中国に近い韓国の関与をどの程度、認めるのか？

すべては今後にかかっているのだが、私たちは韓国と中国との抜き差しならぬ関係をよく知っておく必要がある。日本も韓国と同様、米中の間で、板挟みになっている面はある。だが、韓国よりは米国との絆《きずな》が強く、中国の呪縛《じゅばく》は弱い。

本書では、韓中関係に焦点を当てて、韓国の非常に難しい立場を明らかにしたい。東アジア情勢を理解する一助となれば幸いである。

※本文中、敬称は略させていただいた。年齢は報道時のもの。（　）内の記述、傍線は筆者による。金額はウォンで表示し、円換算は省略した。近年のレートは100ウォンが9円から10円ほど。

中国に呑み込まれていく韓国◉目次

序章

米中対決の狭間で

1・「(中国共産党の)独裁体制に勝利しなければならない」

2020年から、世界は新型コロナウイルス感染症のパンデミック(世界的大流行)という大きな災難に苦しんでいる。中国の武漢が発生源として強く疑われるこの病により、世界各地で多くの人命が失われた。経済は大きく萎縮《いしゅく》し、業種によっては壊滅的な打撃を受け、たくさんの人の生活が脅《おびや》かされている。先の見えない不安が、世界の人々の胸に重くのしかかっている。

感染症と共に世界に暗い影を投げかけている要因がもうひとつある。中国の脅威、そして米中対立の激化だ。

20年7月23日、カリフォルニア州のニクソン大統領記念図書館で、マイク・ポンペオ米国務長官が「共産主義の中国と自由世界の未来」という演説を行った。18年10月にマイク・ペンス米副大統領が「トランプ政権の対中政策」を発表し、米中による新たな冷戦の到来を告げたのに続き、中国との対決姿勢をはっきり示す画期的な内容だった。

ポンペオ長官は「貧しい中国も、豊かになれば、やがて私たちと価値観が共有できる国になるのではないかという楽観的希望があった。しかし、それは間違いだった」とし、「自由主義の世界は（中国共産党の）独裁体制に勝利しなければならない」「私たちが共産主義の中国を変えなければ、彼らが私たちを変える」と強い警戒心を露《あら》わにした。そして、民主主義国家に新たな同盟を構築して、対抗するよう呼びかけた。

1972年のニクソン訪中から約半世紀、米国は対中政策の大転換を決断した。ニクソン元大統領は生前、中国共産党に世界への扉を開いたことで「フランケンシュタインを作ってしまったのではないか」と述懐《じゅっかい》したが、米国はそれを公式に認め、ついにこのモンスターを退治する覚悟を決めたのだ。

20年7月22日、米政府は、スパイ活動や知的財産窃取《せっしゅ》の拠点だとして、テキサス州ヒューストンの中国総領事館の閉鎖を命じ、「24日までに中国人職員は全員、撤収せよ」と通告。時限後は米政府関係者が裏口のドアをこじ開けて館内に入り、確認作業を行った。

中国政府は直《ただ》ちに対抗措置を取った。27日、四川省成都《せいと》市の米国総領事館を閉鎖した。同領事館は米国が中国に置いている領事館の中で最も西に位置し、米国が新疆《しんきょう》ウイグル自治区やチベット自治区などで行っている情報収集活動に関与していると疑われた。

米政府はまた翌8月から、華為《ファーウェイ》など中国企業5社の製品を使う企業の米政府との取引を禁じる法律を施行した。企業は米政府と中国企業のどちらと取引するのか選ばなければならなくなった。これにより調達体制の見直しをせざるを得なくなった日本企業も少なくない。

ポンペオ国務長官はさらに8月5日、「クリーンネットワーク」構想を発表。米国の個人情報や企業機密が中国に流れないようにするため、中国の通信キャリアや中国製アプリなどを利用できなくし、米国の通信網から中国を締め出すことにした。そして同様の措置を「新たな同盟」諸国にも求めている。情報通信の分野でも、クアッドのような中国包囲戦略が進んでいるのだ。

世界の各国・地域は、米中のどちらかにつくか、ぎりぎりの厳しい選択を迫られることになった。韓国はここでも米中の板挟みになっている。たとえば、日韓の大手通信キャリアの中で韓国のLGユープラスが唯一、華為の5G設備を使っており、米国から排除するよう圧力をかけられた。10月14日、韓国政府は「民間企業の取引に関与することはできない」としながらも、「米国と5G技術のセキュリティに関する懸念を解消するための協議を続ける」との立場を表明した。

2・中国に依存しきった韓国経済

韓国は終戦後、3年の米軍政期を経て1948年8月15日に建国された。以来、反共を国是《こくぜ》として掲げ、韓米同盟を軸に北朝鮮、中国、ロシアと対峙《たいじ》してきた。日韓は同盟関係ではなかったが、日本も日米同盟が安保政策の柱であるため、日米韓の3カ国は軍事的に緊密な協力関係にあった。

中国に住む朝鮮族が朝鮮戦争後初めて韓国へ里帰りできたのは78年12月のこと。朝鮮族の韓国への里帰りは少数ながらその後も続き、これが冷え切っていた韓中関係を少しずつやわらげながら、国際行事、国際会議、スポーツなど、さまざまな分野で両国の交流が進んだ。

86年のソウルアジア競技大会、88年のソウルオリンピックには中国も参加。91年1月、両国は貿易事務所の相互設置を認め、92年8月24日、韓中は国交を樹立した。このとき、韓国は「一つの中国論」により中華民国（台湾）とは断交した。

以降、韓国は中国の急速な経済成長の波に乗って経済的繁栄を謳歌《おうか》するようになる。中

韓国の国別輸出額（韓国関税庁　2019）

1位	中国	1362億1300万ドル	25.1%
2位	米国	733億4800万ドル	13.5%
3位	ベトナム	481億7800万ドル	8.9%
4位	香港	319億1400万ドル	5.9%
5位	日本	284億1200万ドル	5.2%

韓国の国別輸入額（韓国関税庁　2019）

1位	中国	1072億2000万ドル	21.3%
2位	米国	618億7200万ドル	12.3%
3位	日本	475億7500万ドル	9.5%
4位	サウジアラビア	218億1400万ドル	4.3%
5位	ベトナム	210億7100万ドル	4.2%

国は韓国の最大貿易相手国となって久しい。韓国関税庁によると、２０１９年の韓国の対中輸出は日米を合わせた額を遥《はる》かに凌《しの》ぎ、中国からの輸入も日米を合わせた額と同じくらいになっている。貿易黒字1位の国も09年以降、18年まで10年間、ずっと中国だった（19年は香港）。

一方、中国商務部の中国対外貿易情勢報告（２０１９）によると、中国にとって韓国はＥＵ（欧州連合）、

ASEAN、米国、日本、香港に次いで6番目、全体の6・2%だ。したがって中国にとって韓国はさほど大きな相手ではない。韓国の中国への依存の大きさがよく分かる。

3・天安門城楼に立った唯一の西側指導者

中国への経済的依存が進むとともに、韓国では反共の信念が揺らぎだし、韓米同盟や日米韓の協力関係に影がさし始めた。韓国は軍事面で、米中の板挟みとなって苦悩するようになる。

その象徴的な出来事が、2015年9月3日に行われた中国の戦勝式典(抗日戦勝70周年を記念した軍事パレード)に韓国の朴槿恵《パククネ》大統領(1952年生まれ)が出席したことだった。

習近平、プーチンとともに天安門城楼《じょうろう》に立った唯一の西側指導者、朴槿恵の姿は世界に報じられ、ワシントンからは「ブルーチーム(味方)にいるべき人がレッドチーム(敵方)にいる」と揶揄《やゆ》する声も出た。

以降、韓国は米国と中国の間で揺れ続けるが、サードミサイル(THAAD=高高度ミサイル防衛システム）の韓国内への配備をめぐって中国の逆鱗《げきりん》にふれてしまう。中国はこのシステムを構成する「Xバンドレーダー」で中国内部が丸見えになることを非常に嫌がった。これは、今もくすぶりつづける韓中間の大きな火種だ。サードミサイルをめぐる韓中の激しいせめぎ合いについては後述する。

ところで、日本の外交青書の韓国の項で、前年まで長く記載されていた「自由と民主主義、基本的人権等の基本的価値を共有」という表現が削除されたのも、ちょうど2015年版からである。皮肉なことに、日韓国交正常化50周年を迎えた節目の年だった。この「基本的価値を共有」という言葉は、以来一度も復活していない。

日本政府はもう韓国を同じ価値観を持つ相手とは見ていないのだ。中国や北朝鮮に近い、異なる価値観によって動く国として、不信感を募《つの》らせている。私たち国民も、韓国とはそういう相手であることをしっかり知るべきだ。

文在寅《ムンジェイン》政権の性格を表現する際、「親中」「従北」といった言葉がよく使われる。しかしこれは文在寅政権に限っての特異なものではない。冷戦が終わり、韓国で軍政が敷かれ、中国との国交が開かれて以降、韓国は政権が主導して、というよりも国全体として徐々にそういう傾向を強めてきたのだ。北朝鮮による核やミサイルの脅威によってしばし立ち止まることはあったものの、大きな流れは変わらなかった。

この変化を推し進めたひとつの大きな勢力が、国交樹立後、大量に流れ込んできた中国朝鮮族（本書では以下、「朝鮮族」とする）だ。本書では、まずこの韓国における朝鮮族について説明する。

次章では、20年初め、コロナ禍で韓国社会が揺れるなか、大きな騒動となった「チャイナゲート」という事件について詳述する。この事件を機に多くの韓国民が朝鮮族の存在の大きさと危険性にはっきり気づいたからだ。

第1章

チャイナゲート

1・国民請願でぶつかった大統領「弾劾」と「応援」

《青瓦台《チョンワデ》の直接疎通は「国民が問えば、政府が答える」という哲学を志向します。国政の懸案について、国民多数の声が集まり、30日間で20万以上の同意を受けた請願については、政府及び大統領府責任者（各省庁および機関の長、大統領首席・秘書官、特別補佐官等）が回答します》

青瓦台（韓国大統領府）のサイトには、「国民請願」掲示板がある。これは文在寅《ムンジェイン》政府発足100日を迎えた2017年8月17日に新設された。11年に米国のオバマ政権が開始した米政府への請願を行うサイト「WE the PEOPLE」を参考にしたとされる。引用したのはその冒頭文だ。

ここに20年2月4日に出され、莫大《ばくだい》な数の同意を得た請願があった。「文在寅大統領の弾劾《だんがい》を求めます」というもので、23日間で120万もの同意を集めた（最終集計は146万9023人）。請願理由にはこう記されていた。

《今回の武漢肺炎事態での文在寅大統領の対処を見れば見るほど、大韓民国の大統領ではなく、中国の大統領を見ているようです。韓国ではマスクの価格が10倍以上に暴騰し、品切れ状態が続き、マスクの品薄状態に陥《おちい》り、国民はマスクの購入が困難な状況なのに、大統領は中国に300万枚のマスクを援助し、マスクの価格高騰に対するいかなる措置も打ち出していません》

《まったく話になりません。中国全域ではないのです。すでに封鎖、閉鎖中の湖北省を訪れた外国人の入国禁止とは、中国全域で患者が出ているこの時点で到底受け入れることができません。

武漢地域を封鎖する直前に脱出した中国人が500万人を超えるのに、すでに封鎖した湖北省を訪れた外国人に対する制限だけなら、その他の地域にいるすべての中国人が韓国に出入りすることを許し、自由に開放したも同然です。

大韓民国の大統領として、何より大切にすべきことは「自国民の保護」ではないですか？　本当に自国民のことを考えたなら、中国のすべての地域を対象に入国禁止すべきでした。

これ以上は見守ってばかりはいられません。文在寅大統領を韓国大統領だと思うことは難しいです。弾劾を求めます》

文政権は窮地に陥った。ところが、それからほどなくして今度は2月26日、「文在寅大統領様を応援します!」という請願(というより主張)が出された。こちらはたった2日間で同意が80万を突破した(最終集計は150万4597人)。請願理由は……。

《新型コロナウイルスにより、大韓民国のすべての国民が大変な時期にあります。国民の健康のために大統領様をはじめ、韓国政府の各省庁の皆様は、昼夜を問わずウイルスの撲滅に全力を尽くしておられます。

しかし、新天地イエス教会という思いがけないエセ宗教の無分別なウイルス拡散によって、新型 コロナウイルス清浄地域だった韓国で、たった1週間で急速に感染確定者が増え、国民が苦しむ状況にまで至りました》

《多くのフェイクニュースが大統領様と疾病《しっぺい》管理本部、そして韓国の各省庁を苦しめていますが、多くの国民は「文在寅大統領」様を信じて応援しています。

この困難な時期は大統領様とともに必ず乗り越えられるでしょうし、国民の大多数は政府を信頼し、共に克服できると信じて疑いません。

文在寅大統領様、いつも応援しています!! 文在寅大統領様がいる大韓民国は必ずこの難しい状況を乗り越えることができるでしょう》

2・「ある朝鮮族の告白」

弾劾反対を求める請願に、なぜこれほど早く大量の同意が集まったのか?

この疑問に答えるかのように27日、「ある朝鮮族の告白」という匿名の文書がネットにアップされ、大きな注目を集めた。長文なので要点を整理して記す。

「私は朝鮮族だ。しかし、朝鮮族コミュニティには属さず、私が朝鮮族だということは誰も知らない」

「朝鮮族はテレグラム、ツイッターを使い、韓国の世論を操作している。ネイバー(大手ポータル)の上位のコメントや、女性中心のカフェに上がってくるコメントはすべて操作されている」

「中国政府と韓国の『共に民主党』（与党、以下「民主党」）がこれを主導しており、彼らは何をしても捜査を受けることはない」

「中国は米国に対抗するために、必ず韓国を属国にしなければならないと考えている。中国共産党政府は非常に賢い」

「国民が未開で煽動《せんどう》されやすく、朝鮮族のコメント部隊によって、こっちにどっと傾いたり、あっちにどっと傾いたりする。米国が防御しなければ、この国は終わりだ」

「経済で米国に対抗できない中国は、韓国を赤化《せっか》させて米国に対抗しようとしており、文在寅はそれに乗った」

「文在寅は中国にすべてを譲り渡すことになった。韓国の多くの土木工事、さまざまな利権事業がすべて中国企業と絡《から》んでいることが、これを証明する」

「文在寅は、大統領選挙で朝鮮族のコメント部隊と中国政府の介入によって当選できた。その借りがあるので中国に何も言えない。中国と対立したら、中国政府によってこの政権は崩壊させられ、文在寅は殺される」

「中国共産党が韓国に浸透するには李明博《イミョンバク》・朴槿恵《パククネ》政権の時は守りが堅かった」

「李明博はチャンケ（中国人の蔑称）の金を受け取らなかった。チュサパ（主体思想派《チュチェ》）の活動家とは考えが違い、事業家としても優れていた」

「朴槿惠は幼い頃から父親の生き方や価値観をよく学んでいた。チャンケを利用はしても信じなかった。だからチャンケの戦勝日の行事に参加しつつ、サードも配備した」

「現在、文在寅と要職にあるすべての人たちは違う。自分の力で金を稼いだことがない。活動家時代はどこかの団体にすべて頼っていた。資金支援を受けることに慣れている。選挙資金は限られており、たくさんの金が必要だが、韓国では得られない。そのため資金支援をしてくれる団体が必要で、それが中国共産党だった」

「朴槿惠の時は保守に力があった。当時も朝鮮族のコメント部隊はいたが、保守に勝てなかった。だが、セウォル号事件が起きた。その結果、民主党が政権を取る絶好の機会が到来し、中国政府もこの時とばかり民主党を支援した。そして崔順実《チエスンシル》事件が起きて、朝鮮族のコメント部隊が世論を主導し、朴槿惠政権は倒れた」

「韓国人の間で強い反中感情が起きると、それを鎮《しず》めるために朝鮮族のコメント部隊が投入される」

「それに韓国人たちはよくついてくる。洗脳され煽動された韓国人はそれを他のコミュニティにも広める。オンラインの武漢肺炎ウイルスだ」

「韓国人はただでさえ分裂してまとまらないが、それを助長させているのが中国共産党だ」

「韓国人は、長い間、平和に生きてきたので、中国共産党の統治方法を理解できず、怖れることもない。彼らがどんなに卑劣で残酷かを知らない」

「中国が韓国の最大の障害だ。20、30代に今回の事件を機に、韓国の本当の敵は中国であることを悟ってほしい」


果たして、これは事実なのか？　ネチズン（韓国ネットユーザー）は検証を始めた。

3・中国人コメント部隊による世論操作

まずネチズンはネット上に罠《わな》を仕掛けて、朝鮮族ら中国人をあぶり出すことにした。

ＳＮＳに「文在寅弾劾に反対する請願です。みんな参加してください」とのコメントを書き、そのリンク先を「動態網」などの中国政府が監視している反中国共産党サイトにした。すると奇妙な現象が起きた。リンク先を見たらすぐに戻ってきて「私は個人です」という言葉を残して、そそくさと退散するケースが相次いだのだ。

中国では「動態網」のようなサイトにはアクセスしただけでも処罰される恐れがあるという。「私は個人です」とは、要するに「組織的に反体制活動をしているメンバーではなく、一市民がうっかりアクセスしてしまっただけ」という意味なのだ。青瓦台の請願掲示板に飛ぶと思ってクリックしたら、反共産党サイトに入ってしまい、驚き慌てた中国籍の朝鮮族が書き残したのだろう、とネチズンは見ている（ネチズンが朝鮮族らをあぶり出した経緯の出典は、朝鮮日報2020年3月2日「朝鮮族が国内世論を操作？　オンラインで『チャイナゲート』騒ぎ」https://www.chosun.com/site/data/html_dir/2020/03/02/2020030200137.html）。

ここから「チャイナゲート」という言葉が韓国のネットで使われるようになった。つまり「米国や台湾などで議論を呼んでいる中国のインターネット世論操作は韓国でも行われているのではないか？」という疑惑だ。3月1日は1919年の三一運動の記念日で、いつもなら反日で盛り上がるのだが、ネイバーのリアルタイム検索語ランキングでは「チャイナゲート」が1位になった。

それとともに「青瓦台の請願サイトには大きな欠陥があるのでは？」という声も出てき

た。国民請願は実名認証ではなく、ネイバー、カカオトーク、ツイッター、フェイスブックなどのＩＤだけで誰でも参加できる。中央日報が実験してみたところ、仮想のＩＤで10件の請願を簡単に出すことができた（２０１８年4月23日「偽ＩＤはいくらでも作れる　青瓦台の国民請願も操作が可能」https://news.joins.com/article/22558831）。

『週刊朝鮮』はこの件について、識者の懸念を伝えている。

《システム上、外国人が何の制限もなく青瓦台の国民請願に参加できるのは事実だ。中国人のコメント工作が行われているなら、単なる世論操作を越え、深刻な主権侵害行為だ》

《韓国は中国のこのような工作から安全なのか。一部では文大統領が中国に弱い理由がこの問題と関連していると疑っている。青瓦台の国民請願システムを改善しない限り、疑惑は雪だるまのように膨らむだろう》（２０２０年3月12日「国民請願か、中国人請願か」http://m.weekly.chosun.com/client/news/viw.asp?ctcd=C01&nNewsNumb=002598100004）

『週刊朝鮮』が調べたところ、中国共産党傘下の共産主義青年団（共青団）が２０２０年

2月、全国の各支部に青年インターネット志願者の募集関連公文書を送ったという。志願者は「インターネット上のコメント活動により社会主義の核心価値観を伝播《でんぱ》し政府を批判する文を削除する仕事を請け負《うお》う」とのこと。共青団は公文書で「志願者募集は大変重要な事業」とし、「募集目標人員は大学生400万人を含め合計1050万人余」。

コメント部隊の募集は、国家インターネット情報弁公室が主導。その下部組織、中央インターネット安全・情報化指導小組の組長は習近平国家主席だ。彼は、国家主席、共産党総書記、中央軍事委主席の三大ポストのほかに、中央インターネット指導小組の組長も務めているということだ。

中国のコメント部隊は「五毛党《ごもうとう》」とも呼ばれる。06年に安徽《あんき》省の宣伝部がコメント一件当たり5毛（約10円）を与えてアルバイトを募ったことに由来する。ちなみに20年4月頃以降、一件8毛に値段が上がったという説もある（卓越新聞電子報新聞専業2020年4月15日「五毛党　八毛党　都是共産党」https://www.feja.org.tw/52315）。

中国はコメント部隊を自国世論にばかりではなく、他国の世論の操作にも活用してきた。19年11月にオーストラリアに亡命した王立強《ワンリーチアン》は、中国のスパイとして主に台湾、香港、オーストラリアで行った工作活動について統一日報で語っている。

中国が20年1月の台湾総統選挙で、「一つの中国」政策に反対し、台湾の独立を主張する民進党の蔡英文《さいえいぶん》を落選させるため、50以上のインターネット企業およびメディアを買収して宣伝・煽動《せんどう》活動を行っていることなどを暴露。台湾へは韓国のパスポートで入っていたという。であれば、当然韓国でも様々な行動をしていたはずだろう（統一日報2019年12月4日「韓国パスポートで活動した中国スパイが亡命」http://news.onekoreanews.net/detail.php?number=86761&thread=01r02）。

ところで韓国では、中国のコメント部隊ではなく一般の中国人によって、ハングルで記された記事に中国語でコメントが書き込まれることがある。

代表的な例が18年2月、平昌《ピョンチャン》冬季五輪でのショートトラック競技の記事だ。1000メートル予選で韓国の選手が全員通過する一方、中国の選手は韓国選手を押しのける反則を行い失格になった。それを伝える記事に中国語のコメントが6万件も書き込まれ、「歴代級的黒幕」（裏からの不正）「這就是平昌」（こういうのが平昌）などと、判定に不満を抱いた中国人たちが韓国を非難し、ベストコメントには推薦（「いいね」に当たる）が2万9000件も集まった。

韓国のネット記事のコメント欄を中国語が埋め尽くす。中国という巨大な存在がすぐ近くにあって、その影に覆《おお》われるような圧迫感があった。

2020年3月3日、野党・未来統合党（現・国民の力。以下、統合党）はネットのコメントに国籍を表示する法案、「チャイナゲート防止法」を発議《ほつぎ》すると発表した。

第2章

韓国で暮らす朝鮮族

1・改革開放と朝鮮族の「空洞化」

朝鮮族とは、遼寧《りようねい》・吉林《きつりん》・黒竜江《こくりゆうこう》の東北三省を中心に中国で暮らす、韓民族の血統を持つ中国国籍の住民のことをいう。近代における朝鮮人の中国への移住は19世紀後半に始まり、1945年、第二次世界大戦の終戦を迎える頃にはおおむね230万人に達していた。最も集住していた延辺《えんぺん》には約70万人が住んでいた。

49年に中華人民共和国が成立。中国共産党は52年、民族区域自治実施要綱を発表、国内の55の少数民族に自治権を与えた。これにより吉林省南部に「延辺朝鮮族自治区」(州人民政府所在地は延吉市《えんきつ》)が誕生した。55年に「延辺朝鮮族自治州」と「区」から「州」へ降格、改称された。

中国の国家統計局によると、2000年の第5回人口調査で中国内の朝鮮族は192万人、2010年の第6回人口調査で183万人、10年で10万人近く減った。

実は東北三省では朝鮮族の「空洞化」現象が起きている。韓国が豊かになり、韓中の交流が活発になって、韓国企業が進出した北京、青島《チンタオ》、上海などへ移る者、そして韓国に移って定着する者が増えたからだ（聯合ニュース２０１５年２月４日「朝鮮族70万　韓国定着が大勢」https://www.yna.co.kr/view/AKR20150130110700372）。

この「空洞化」は深刻で、中国の法制上、少数民族自治州は少数民族の割合が全体の30％未満になると、自治州自体が強制的に解除されることもあるという。延辺朝鮮族自治州の場合、州の総人口数は２０１０年には約２２７万人で、このうち朝鮮族は約83万人の36・５％。自治州設立前の１９５３年を見ると朝鮮族の割合は70・５％だから半分近くに減ったことになる。特に中心都市の延吉市から朝鮮族が離れている。延吉に残った朝鮮族の人口は全体の20％を少し上回るレベルにまで低下。このままでは危険水域に入ってしまう。

じつは一方で、延吉市の人口は10年まで40万人ほどだったのが、14年には65万人と４年間で１・５倍以上に増えている。朝鮮族は減り、外部からの流入が増えているのだ。その理由は、中国の他地域と比べて高い物価だ。韓国などへ出稼ぎに行った朝鮮族が、稼いだ金を延吉に残る家族に送り地元で消費されるため、自然に物価が上がってしまう。もちろん報酬も高くなる。

すると、それが魅力で外部から人が集まってくる。その大半は漢族ではなく、ウイグル、キルギス、カザフスタンなどチュルク系少数民族とモンゴル人。彼らは中国語が不自由なため、古くから住んでいる朝鮮族とのコミュニケーションが難しい。

外からの送金のない朝鮮族は物価高により暮らしが圧迫され、物価の安い地域に移らざるを得なくなる。かつての朝鮮族は金を稼ぐために韓国などへ向かったが、今は生き残るために延吉を離れなければならなくなってしまったのだ。

少数民族ゆえの目に見えない差別を受ける。それを避けるために、子どもを漢族と結婚させ漢族の戸籍に入れたり、漢族の学校に行かせたりする「漢族同化」現象が深刻化している。それを受けて朝鮮族の学校は生徒数の減少、統廃合が急速に進んでいる。親が中国語教育を重視し、朝鮮族の青少年の中には韓国語をうまく話せないケースも増えてきている（朝鮮族の「空洞化」についての出典はDAILY BIZON ２０１９年８月30日「朝鮮族のいない『朝鮮族自治区』」http://www.dailybizon.com/news/articleView.html?idxno=13721、「漢族同化」現象の出典は聯合ニュース２０１１年７月８日「〈朝鮮族１％時代〉⑤揺らぐ延辺自治州」https://www.yna.co.kr/view/AKR20110630119600097）。

2・韓国への移住の流れ

朝鮮族の韓国への移住が本格化したのは1978年末、中国で改革開放政策が実施されて以降だ。

確かに改革開放で中国は急速な経済発展を遂げた。しかし、北京を中心とした中原《ちゅうげん》や上海、深圳《しんせん》などの沿海地域と比べ、計画経済時代の負の遺産（老朽化《ろうきゅうか》した重工業設備など）を抱えた東北三省は、国家戦略上後回しにされ、発展が遅れた。延辺も成長から取り残された。

82年、中国政府が朝鮮族の韓国親戚訪問を公式に認め、88年のソウルオリンピック以降、故郷訪問、出稼ぎ労働、留学などの目的で韓国に来て、そのまま滞在する朝鮮族が急増した。簡単な手続きで韓国に入れるようになった朝鮮族は、中国から漢方薬を持ってきて韓国で売って大金を稼いだ。中国現地では「コリアンドリーム」という言葉も生まれたという。1990年代初め、朝鮮族の男性の大半は建設現場の日雇い労働者、女性は食堂の従業員、家事手伝いのようなサービス業に従事していた。韓国労働市場では低賃金労働力の需要が高まっていた。

一方、朝鮮族にとっては中国に比べて遥かに高い韓国の賃金水準と、同じ言語を使うことなどによる環境への溶け込みやすさなど、いわゆるウィンウィンの関係だった。不法滞在者が増え出入国管理が厳しくなると、朝鮮族女性が韓国人男性と結婚して韓国へ入ってくるケースも増えていった。

99年に制定された在外同胞の出入国と法的地位に関する法律（在外同胞法）は、在外同胞に国民に準ずる法的地位を与え、勤労ができる根拠を作った。しかし、在外同胞が単純労働に従事することは禁止したため、不法滞在者を量産した。また、在外同胞の概念を「韓国の国籍を保有していた者またはその直系卑属《ひぞく》（子や孫など）で外国国籍を取得した者」と規定。韓国の国籍は48年の韓国政府樹立以降なので、48年以降に出国した同胞が対象で、それ以前に出国した人は同胞として認められなかった。

２００４年、在外同胞の概念を規定した第2条第2項に「韓国政府樹立前に国外に移住した同胞を含む」という文言《もんごん》を追加した改正案が国会で成立。これにより、多くの朝鮮族が韓国に帰化できるようになった。

07年、訪問就業制が施行。中国やロシアなどで生まれて韓国に縁故のない同胞にも、5

年間韓国で就業できる資格を与える制度で、朝鮮族がさらに韓国に流れ込む起爆剤となった。10年には家事手伝い、育児ヘルパー、介護士、福祉施設補助員の4職種にも長期滞在を認め、朝鮮族女性にも韓国での就業と長期滞在の機会が大きく開けた。

15年、在外同胞の就業範囲を製造業・農畜漁業・林業分野にも認めた。特に製造業への進出が許されたことで、韓国の先進技術を身につけ、中国で起業する夢も生まれた（これらの経緯は、韓国民族文化大百科事典「朝鮮族」の項などを参考に筆者が整理した。https://terms.naver.com/entry.nhn?docId=572678&cid=46634&categoryId=46634）。

3・中国人が110万人、そのうち朝鮮族は70万人

韓国法務部出入国外国人政策本部の発表によると、2019年末に韓国に滞在する外国人は計252万4656人で、前年比6・6％増加。韓国の全体人口に外国人が占める割合は4・9％に達した。一般的にこの数値が5％を超えると多文化社会に分類され、この趨勢《すうせい》からすると韓国は遠からず多文化社会となる見通しだ。ちなみに日本は全人口に占める外国人の割合は2・16％（2019年末、法務省）。

国籍別では、中国が110万1782人で割合が最も大きかった（43・6％）。このうち、70万1098人が韓国系中国人、つまり朝鮮族だ。帰化した朝鮮族は14万人くらいとされるので、合わせると約85万人の朝鮮族が現在韓国で暮らしていることになる（韓国に帰化した朝鮮族の累計総数は公式な数字が見当たらず、『週刊東亜』2018年7月24日「底辺が朝鮮族は昔の話」https://weekly.donga.com/List/3/all/11/1395040/1の14万人を採用した）。

また韓国は在外同胞大国である。同胞が世界各地に散らばって暮らしており、合計で約750万人いるとされる。これは香港の人口、743・6万人（2019年）とほぼ同じだ。

4・韓国の労働現場を支える朝鮮族

朝鮮族は、韓国人が嫌う3K業種で黙々と働いて韓国経済を下支えしてきた。だが、労働現場には危険もある。韓国社会は全体的に安全管理に対する意識が希薄で、事故がよく起きる。「安全不感症」なる言葉が定着して久しく、朝鮮族の労働者がその犠牲になることも少なくない。

たとえば2013年7月15日、ソウルの鷺梁津《ノリャンジン》配水池の上水道管拡張工事現場のトンネル内で、工事用レール撤去作業を行っていた労働者7人が、豪雨で流れ込んできた漢江《ハンガン》の水で命を落とした。うち3人が朝鮮族だった。同月30日にも、ソウルの傍花《パンファ》大橋で上板崩壊事故が起き、橋の下で作業していた朝鮮族2人が亡くなり、1人が重症を負った（東亜日報2013年8月1日「死地に追いやられる中国同胞『働いて負傷しても産災補償受けられず』」https://www.donga.com/news/Society/article/all/20130801/56778040/1）。

朝鮮族は工場などの製造業ではなく、建築工事現場で働くことが多い。フィリピン、ベトナムなどの労働者は主に若い人たちで、単身で韓国に来て2、3年の契約で製造業分野に就職するのが一般的だ。一方、朝鮮族は、家族・親戚という単位で入国する。男がこれといった技術なしに早く働ける職場は今も昔も工事現場だ。製造業の現場では単純作業を繰り返し行うのでコミュニケーションができなくても大きな問題はないが、工事現場は言葉によるコミュニケーションが必要不可欠。そのため朝鮮族が適しているという事情もある。

悲惨なケースはあるものの、朝鮮族が韓国の労働現場を支える大きな力になっているのは間違いない。だが、それゆえに、韓国人との摩擦《まさつ》も生じる。

15年2月、京畿道河南《キョンギドハナム》市のマンション工事現場で、全国建設労組の組合員が「外国人の不法雇用を根絶せよ」と書かれた横断幕を持ってデモを行った。労組京畿支部長は「首都圏の現場は朝鮮族を中心とする外国人に90％を占められている。雇用を奪われ、韓国人労働者が生きていけない」と訴えた。

韓国には「工費が1000億ウォンのマンションの工事現場では、朝鮮族を含め40人まで外国人を使うことができる」というクォーター制があるが実際は守られておらず、むしろ不法滞在者の就労が黙認されている状態だ。そのため韓国人と朝鮮族の間には感情的なしこりが生まれ、工事現場では物理的な衝突も日常茶飯事《さはんじ》。たとえば大田市《テジョン》儒城区《ユソン》のあるマンションの工事現場では、些細《ささい》な口論から、10人ほどの朝鮮族労働者が韓国人労働者2人に暴行を加え、警察が出動する事態になった（聯合ニュース2015年2月4日「〈国内の朝鮮族70万〉②労労葛藤《かっとう》を乗り越えなければ」https://www.yna.co.kr/view/AKR20150130115700372）。

韓国人労働者からすれば、建設業などで朝鮮族に仕事を奪われている状態だ。また労働力が不足すれば賃金が上がるのが正常なのに、朝鮮族労働者の存在があるため、賃金上昇が抑えられてしまっているという不満もある。

5・韓国人労働者からは怒りの「国民請願」も

青瓦台《チョンワデ》の「国民請願」にこんな請願が上がった。

《建設業の資格を取得した中国朝鮮族にＦ４ビザ（同胞ビザ、滞在期間に制限がない）を出す制度を撤回してください》

請願開始は２０２０年４月27日で、締め切りは１カ月後の５月27日。結果、１１１２人の同意を得た。請願理由のポイントは以下の通り。

「現在、政府が施行している中国朝鮮族の在外同胞ビザ発給制度の縮小または廃止を要請する」

「朝鮮族にＦ４など長期滞在ビザを出して、国内産業の人材を補うとのことだが、産業発展が停滞してきたら外国人の雇用を減らし、韓国人が働けるようにしなければならない」

「朝鮮族約70万人がF４などの資格で滞在し、国内の財貨の多くを中国に送っている。政府が把握していない不法送金、国が管理できない隠れた資金も増えている」

「朝鮮族の韓国内就業者は中国には利益でも、韓国にとっては不利益だ。その数を徐々に減らさなければならない」

「朝鮮族は建設現場などで小社長（請負業者）として働き、不法滞在者などを斡旋《あっせん》して儲け、不法滞在者の量産にも大きく関わっている。一部は違法なこともいとわない。こういう行為は必ず防がなければならない」

「朝鮮族には、我々の同胞というより、中国人としての自負心が強い人が多い」

「『彼らがいてこそ韓国の産業が成り立つ』『建設現場は人手不足なので朝鮮族などの外国人が必要だ』というのは近視眼的な見方だ。もっと遠くまで見通して、数百万の失業者が生きていく道を作らなければならない」

6・看病を一手に引き受ける朝鮮族女性

朝鮮族男性が工事現場を支える主力になっているのと同様に、朝鮮族の女性が中心となっている労働現場がある。看病人だ。

看病人とは、病院、療養病院（高齢の患者を収容し、長期的な療養と治療ができるよう設けられた病院）、療養施設（休養、養生しながら病気を治す施設）などで患者に非医療の補助サービスを提供する仕事を行う人。通常24時間、病室に常駐し、高齢患者、重病患者、手術を受けた後の患者のケアをしている。患者の入浴、食事、大小便の処理まで何でもこなし、病院で患者と最も長い時間、密接に接触している。

ある看病人派遣会社の関係者によると「大手総合病院の看病人の60％、療養病院なら80％以上が朝鮮族で、60代以上の女性が大半だ」とのこと。

看病人は中国などからきた在外同胞に与えられる「H2－1（縁故訪問就業）ビザ」所持者が就労可能な38業種の一つ。関連業種である療養保護士（国家公認資格証が必要）や介護士（民間資格証必要）と違い、特に技術も資格も必要ない。仕事がきついので韓国人はやりたがらないが、先の関係者は「病院に常駐するので交通費が節約でき、日当約10万ウォンをもらえるので朝鮮族には魅力的だろう」と話す。

そんな中、新型コロナ感染で変化が起きた。感染を怖《おそ》れる一部の韓国人が朝鮮族の看病人を拒否し始めたのだ。理由は「中国と韓国を行き来しているから」。つまり、中国で感染する可能性があるから、嫌だというわけだ。しかし、拒否したところで看病人の大半が朝鮮族女性なので、結局は彼女たちの世話になるわけだが、気まずい雰囲気になってしまう。

一方、看病人として働く朝鮮族の中国に残る家族が、「韓国のほうが危ないから、仕事を辞めて中国に帰ってきてほしい」と言ってくるケースもある。実際、新型コロナに感染して亡くなった朝鮮族の看病人もいる。

医療現場で看病人の立場は最も弱い。ある朝鮮族の看病人は、「マスクが極端に不足していた時期、（医師や看護師が優先される中）病院は共同看病人（複数の患者を同時に看病する人）にはマスクを1週間に1枚支給したが、1人だけを世話している看病人にはそれさえもなかった」と語った。

看病人は通常月に1、2回、休暇を取るが、感染が拡大していた時期に一部の病院は看病人の休暇を禁じた。ある看病人は「病院で厳しく人の出入りを統制してくれた方が気が楽だ。病院で感染者が出ると、働けなくなるので生計が苦しくなる」と言いつつも、「休みが取れず病院ばかりにいるので、息が詰まる」と吐露《とろ》した。

ともあれ朝鮮族は、男性も女性も、決して良好とはいえない環境でよく働き、韓国社会に大いに貢献していると言えるだろう（この看病人の実態の出典は、新東亜２０２０年３月22日「看病人の80％が朝鮮族…マスク支給なし『コロナがうつる』」https://www.donga.com/news/Society/article/all/20200322/100288128/1）。

7・韓中間の架け橋

改革開放政策に大きく舵《かじ》を切り、経済成長を続けるようになった中国は、90年代以降、成長の速度を上げ、２０１０年にはＧＤＰで日本を抜いて世界第2位にまで浮上した。韓国も中国からの観光客が増え、韓中間の経済交流が活発になっていった。韓国への中国人観光客は増え続け、16年には８００万人に達した。

韓国で暮らす朝鮮族に大きなチャンスがめぐってきた。

同16年、韓国でガイド資格を取った朝鮮族は2万４０００人に達した。免税店やデパートは中国人客への対応のため朝鮮族を大量に採用、朝鮮族の職員は70％を占めるまでになった。もっぱら３Ｋ業種に携《たずさ》わってきた朝鮮族が観光業、貿易、流通、教育、コンサルティングなど多様な職種に進出するようになったのだ（東北亜新聞２０１６年10月27日「キム・ヨンソン中国同胞ハンマウム協会会長が語る在韓朝鮮族社会の実態」http://www.dbanews.com/news/articleView.html?idxno=20067)。

急増する中国人の医療観光を支援する「医療コーディネーター」も、高学歴の朝鮮族の間で新しい職業として浮上した。しかし、中国語を専攻した韓国人にとって、朝鮮族が関連分野に活発に進出することは嬉しいことではない。ある韓国人の中国語翻訳家は「朝鮮族がこの業界で働くことが増え、中国語はフランス語やドイツ語のような他の第2外国語はもちろん、英語よりも通訳・翻訳料が安くなった」と話す（聯合ニュース2015年2月4日「〈国内の朝鮮族70万〉②労労葛藤を乗り越えなければ」https://www.yna.co.kr/view/AKR20150130115700372)。

中国で学ぶ韓国人留学生も増えているが、韓中間の架け橋となる仕事は「中国人でもある朝鮮族」に押さえられてしまっており、せっかく学んだことを活かせないという不満がくすぶっている。

韓国で活動している朝鮮族は、以前は金を稼いで故郷の東北三省に帰ろうと考え、実際そうした人も少なくなかったが、最近は大多数が韓国に定着することを望んでいる。そして韓国政府もそれを可能にすべく、不法滞在者も救済しながら段階的に法制度を整えてきた。政界からは、少子化対策のために朝鮮族をたくさん受け入れるべきだとの声も出ている。ちなみに韓国の2020年の合計特殊出生率《しゅっしょう》（1人の女性が生涯に産む子供の数）は0・84（韓国統計庁）、圧倒的な世界最下位だ（国連の人口統計によると、同年の合計特殊出生率が1以下の国は198カ国中、韓国のみ。197位のプエルトリコでも1・2人）。

8・朝鮮族は韓国人なのか中国人なのか

もはや韓国社会に欠かせない存在となった朝鮮族だが、韓国人なのか中国人なのか、そのアイデンティティは揺れており、また韓国人の多くはそこに強い疑いを持っている。

2011年、建国《コングク》大学のパク・ヨンギュン教授が中国吉林省の延辺朝鮮族自治州で行ったアンケート調査を発表した。同年7月に延辺で朝鮮族300人を対象に行われたものだ。それによると回答者の51・9％が「韓国で差別、疎外《そがい》、無関心を経験した」と答えた。同じ質問で、中国では40・7％、北朝鮮は12・5％だった。つまり、中国よりも韓国で差別と疎外感を強く感じたというのだ。

そして、自分の「祖国」を尋ねると、中国とした回答者が圧倒的に多く91・9％。韓国は0・3%に過ぎず、北朝鮮が4%だった。では、「母国」はという問いには、北朝鮮36%、中国24・9%、韓国8・8%だった（出典「ディアスポラと多文化：海外移住民の文化的障壁と適応〈The Diaspora and Multi-culture: Korean Immigrants' cultural Barrier and Adaptations〉」2011.10.12;p71）。

この結果から、朝鮮族は北朝鮮に親しみと愛着を持っていることが分かる。これは意外な気もするし、理解できるような気もする。韓国で経験した厳しい差別、疎外、無関心が北朝鮮にはないのだ。経済力や文化的な生活という面で、北朝鮮の住民よりは朝鮮族のほうが上だ、ということもあろう（北朝鮮の人々が朝鮮族をどう見ているかは後ほど触れる）。

第3章

朝鮮族のイメージと映画で描かれた姿

1・水原バラバラ殺人事件の戦慄

「朝鮮族は私たちに友好的ではありません。食堂に入ると朝鮮族がたくさんいます。彼らはこの社会でたくさんの恩恵を受けながらも、怒っており、韓国の国民に対し、復讐心のこもった目で見つめてきます。そういう経験をたくさんしました。韓国の国民が朝鮮族の顔色をうかがいながら暮らさなければならないのでしょうか?

夜道が怖いです。人身売買事件がよく起きていたとき、どれほど怖かったことか。特に私たちのような20代、10代の女性たちは。それで、朝鮮族訛《なま》りで話している人たちが通りかかると、逃げました。当然です。実際に事件がたくさん起きていたのですから。

それにもかかわらず処罰は強化されていません。逆に、怖いから『怖い』というとヘイトだと言われます。とんでもないことが今、起きているのです」

2020年3月21日、人気女性ユーチューバーの朴世貞《パクセジョン》(1990年生まれ)が自身のチャンネルでこう発言した。

この女性だけではなく、多くの韓国人が、朝鮮族に対して〝野蛮で凶悪な犯罪者が多い〟という印象と恐怖心を持っている。それを決定づけたのは2012年に京畿道《キヨンギド》水原《スウォン》で起きた呉原春によるバラバラ殺人事件だ。

4月1日深夜、呉原春は通りがかった20代の会社員の女性を襲い、強姦《ごうかん》しようとしたが激しく抵抗され殺害。遺体をバラバラにしていた時に逮捕された。遺体のそばには砥石《といし》が置かれ、刃物の切れ味が悪くなると研《と》ぎながら作業していた。被害女性の遺体を「まるで食肉を解体するかのように扱い」、遺体を調べた国立科学捜査研究院の関係者は「あまりにも猟奇的で言葉にできない」「黒い袋14枚、1袋当たり20点ずつ肉片の塊《かたまり》が計280点ほど入っていた」と話した（朝鮮日報「『水原20代女性バラバラ殺人事件』呉原春　切り分けた遺体280点をビニール袋14個に」http://news.chosun.com/site/data/html_dir/2012/04/09/2012040900040.html）。

呉原春は逮捕後、留置場で3度の食事をきちんと取った。

「逮捕されたらすごく殴られると思ったが、韓国の警察は殴らなかったので、殺されることはないだろうと安心した」（中国の公安では検挙時から取り調べ過程で途方もない殴打が行われる場合が多い）と話すなど、殺人を犯した人間とは思えぬほど淡々としていたため、サイコパスではないかと疑われ、精神鑑定も受けたが、結果は「違う」と判定された。

警察は余罪が多いとみて、呉原春が韓国滞在期間中に移り住んだ地域の未帰宅者申告受付の内訳や未解決事件を調べた。巨済《コジエ》、釜山《プサン》、大田《テジョン》、龍仁《ヨンイン》、済州道《チエジユド》、水原など、該当する地域の未解決事件の被害女性や行方不明女性は合わせて135人にも上った。

呉原春は1971年、中国の内モンゴル自治区の農家に生まれた。小学校卒業後、肉体労働をしてきた。2007年9月、就業ビザで初めて韓国に入国。以後、韓国と中国を8回行き来し、韓国では日雇い労働者として暮らしてきた。10年10月から京畿道水原市に在住。中国に妻子があり、妻に5年間で5500万ウォンを送金していた（ブレイクニュース2013年10月2日「『殺人鬼の思い出』そして殺人鬼⑤猟奇殺人鬼、呉原春」http://www.breaknews.com/288050)。

12年6月15日、一審裁判の判決では死刑。呉原春は控訴し、10月18日の控訴審では無期懲役に減刑された。その翌日、国政監査で与野党が口をそろえて「量刑が軽すぎる」と判事を強く批判したあたりをみれば、いかに大きな事件だったか分かるだろう。13年1月、最高裁で無期懲役が確定した。

この呉原春の事件を詳しく説明したのは、これが強烈に韓国人の持つ朝鮮族のイメージに投影されてしまったからである。

2・朝鮮族犯罪集団に狙われる韓国人

朝鮮族による犯罪でまず想起されるのは殺人、特に請負殺人だ。これは中国に住む朝鮮族が実行犯であることが多い。彼らは韓国に入ってきて、さっと片付け、すぐにまた中国に戻ってしまうため、めったに捕まらない。

もちろん犯人が捕まることもある。たとえば２０１４年10月、ソウル江西《カンソ》警察署は、殺人および殺人教唆《きょうさ》、殺人予備などの容疑で朝鮮族の男Ａ（50）と建設会社社長Ｂ（54）、ブローカーＣ（58）を逮捕した。

同年３月20日夜、ＡはＢから相談を受けたＣの依頼で、江西区傍花洞《パンファドン》にある建物１階の階段で、Ｂとの間でトラブルのあった被害者（建設会社社長）を刺殺した。Ｃは水原地域の世界ムエタイ・キックボクシング連盟の理事、Ａは朝鮮族で中国延辺《えんぺん》空手道協会会長。2人は中国のスポーツ関連イベントで知り合ったという。Ａは11年に親戚訪問で韓国に入国したが金を稼げず、困窮していた。そこへこの話が舞い込んだ。報酬は４０００万ウォン（約４００万円）だった（ＳＢＳ２０１４年10月15日「傍花洞殺人事件の被疑者検挙…朝鮮族に命じて請負殺人」https://news.sbs.co.kr/news/endPage.do?news_id=N1002634280）。

朝鮮族の犯罪では他に、暴行、強姦、人身売買、臓器売買などがある。強烈なところでは、中国で製造された人肉カプセルの密売というのもある。

死産した胎児《たいじ》と胎盤を乾燥して作る人肉カプセルには、末期がん、慢性腎不全、重症糖尿など難病に効果があり、また手術を終えた患者の滋養《じよう》にも良いという噂がある。優れた美容効果があるとも言われているので、一部の中年女性も美容目的で求めている。虞犯《ぐはん》地域は東北三省。関税庁が摘発した人肉カプセルの密搬入は、11年22件（１万２５２４錠）、12年47件（２万６６３錠）、13年41件（２万７８５２錠）、14年15件（６６９４錠）、15年３件（１２５１錠）、16年１件（４７６錠）、17年４件（７２４錠）と減少傾向だが、いまでも続いている（聯合ニュース２０１７年10月３日「３年間に人肉カプセル約８５００錠を密搬入…今年も90錠摘発」https://www.yna.co.kr/view/AKR20170929079000002）。

最近ではネットも使われており、賭博、ボイスフィッシングなどは中国延吉《えんきつ》の仲間と連携していることが多い。

最近こそあまり聞かなくなったが、00年頃は中国滞在中の韓国人が朝鮮族の暴力団によって拉致《らち》され、ひどい目にあわされる事件が続いていた。

KBS（日本のNHKに相当）が00年2月28日に報じたところによると、中国で韓国人が朝鮮族の犯罪集団に狙われるのには「それなりの理由」があり、それは「朝鮮族に対する侮蔑《ぶべつ》的な態度や金遣いの荒さなど節度のなさだ」という。

韓国人は金を湯水のように使う。体に良いと聞けばいくらでも払う。熊胆《ゆうたん》に熊の足裏、さまざまな漢方薬……。韓国人は旅行では格別に酒をたくさん飲み、さらに酒の勢いで現地の女性と楽しもうとする人もいる。女性と深い関係になり、それが災いとなって拉致された人もいるほどだ。また韓国人は中国では「韓国は一流国家で、中国は劣等国家だ」と偉そうな顔をする傾向がある。このような間違った選民意識は中国人の反感を買うだけだ（「中国での韓国人拉致事件　韓国人が狙われる原因」http://mn.kbs.co.kr/news/view.do?ncd=3814932）。

3・有名俳優を脅した朝鮮族姉妹一家

芸能人が狙われた卑劣《ひれつ》な事件もある。2020年1月のことだ。俳優、朱鎮模《チュジンモ》（197

4年生まれ）の携帯電話がハッキングされ、個人的な情報が流出、仲間の芸能人と交わしたSNS（カカオトーク）の内容が一部、公開され、大騒ぎになった（スポーツ京郷《キヨンヒヤン》2020年1月11日「鄭俊英のチャットが思い出される　ハッキング流出で大衆は衝撃・憤怒《ふんぬ》」https://entertain.naver.com/read?oid=144&aid=0000651128）。

仲間の芸能人との会話内容は全般的に低級で、仲間内で、数人の女性の写真を共有し、まるで品評会のように露骨な性的会話を続けていた。他の芸能人の実名も挙げられており、不法撮影が疑われる露出写真もあったという。これらの芸能人はもう年齢も高く、妻帯者もいて、正しい私生活をしているイメージがあったため、大衆は裏切られたと感じ、大きな衝撃を受け、これらの男性芸能人のイメージは大きく失墜《しっつい》した。

朱鎮模の所属事務所は1月11日、公開された内容の真偽について肯定も否定もせず、朱鎮模が携帯電話をハッキングされ、脅迫を受けていたことを認め、「流布《るふ》された経緯など、一連の状況について捜査機関に正式に捜査を依頼し、強硬な法的対応を取る方針」との立場を明かした。

ハッカーは携帯電話のセキュリティの甘いサービスを調べてパスワードを見つけ、別の脅《おど》しに使えそうな情報の入っているクラウドに侵入、朱鎮模の個人情報を抜き取った。朱鎮模は「個人情報をばらす」と脅されても、犯人たちの金銭要求に応じなかったため、情報を公開されてしまったのだが、もちろん、要求に応じてカネを払ったケースも相当数ある。

この事件の犯人は、朝鮮族の出身で韓国に帰化した姉妹一家だった。5月21日、恐喝容疑で逮捕された犯人たちの初公判がソウル中央地裁で開かれた。被告は4人で、A（女34）、Aの夫（40）、Aの妹（31）、Aの妹の夫（40）。Aの妹の提案で犯行に及んだという。

「私たち家族がこんなところに来ることになったのはとても恥ずかしく、申し訳ない。深く謝罪する。罪を償《つぐな》わなければならないが、子どものために保釈を申請した。子どもの面倒をみることさえできるようにしてくれれば、外には出ない」

Aはこう話し、法廷で犯罪をすべて認め、子どもの面倒をみるためにAの保釈を申請した。捜査当局は、彼女らのほかに犯行を指示し共謀した主犯が中国にいると見て、現地に協力を要請した。

Aらは昨年末から今年初めまでに、芸能人8人の携帯電話をハッキングして脅迫し、5人から計6億1000万ウォンの金品を奪った。携帯電話のハッキング以外にも、多くの被害者に対し、モム・カメ・フィッシング（体+カメラ+phishing）もしていた。これは、被害者の携帯電話に保存されている連絡先を確保したうえで、被害者の裸や身体の一部を密かに撮影し、それをネタに金銭を要求、要求に応じなければ連絡先に画像を流布すると脅迫する、非常に卑劣な手口だ。

Aらには、中国の組織の指示を受けて犯行に及び、被害者から金品を奪い取った後、仮想通貨で洗浄し、中国にある金融口座に送金した容疑もあった。警察は「Aらによる犯行は、主犯格の人物が中国にいる振り込め詐欺の犯罪パターンを示している」と説明した（この犯行についての出典はSPOTNEWS２０２０年5月21日「朝鮮族出身の姉妹夫婦、芸能人脅迫を認めながらも息子のために保釈を申請」http://www.spotvnews.co.kr/?mod=news&act=articleView&idxno=357842）。

20年9月24日、ソウル中央地裁は、恐喝などの容疑で起訴されたAの妹を懲役5年、その夫を懲役2年6カ月の実刑とし、Aは懲役1年6カ月、その夫は1年4カ月（執行猶予3年）に処した。

4・映画でも暴力的で恐ろしいイメージ

朝鮮族は個性的なキャラクターとして韓国映画のモチーフになっているが、そのほとんどの作品で、凶悪で凄惨《せいさん》な犯罪に関連して描かれている。いくつか主な作品を紹介しよう。

まず、『黄海』(2010年、邦題『哀しき獣』)。これは朝鮮族による韓国での請負殺人を扱っている。主人公は延辺に暮らすタクシー運転手、グナム。巨額の借金を作ってしまい、返済を迫られ、カネを工面するため妻を韓国に送る。だが妻からは便りもなく、稼ぎは借金の返済に消えていく。追い詰められた彼に朝鮮族ブローカーが韓国での請負殺人をもちかける。これに応じ、密航船に乗って黄海を渡る。映画ではグナムの妻にあたる朝鮮族女性の語った実話に基づくという(アジア経済2011年1月6日「『黄海』は虚構ではない実話だ! 延辺の40代半ばのリ・スンボクさんがモデル」https://entertain.naver.com/read?oid=277&aid=0002525644)。

『犯罪都市』(2017年、邦題同じ)は、ソウル九老区《クロ》加里峰洞《カリボンドン》の中国人街で04年5月に暴力団、王建派の14人の朝鮮族を殺人未遂の容疑で逮捕した事件と、07年4月に同じく加里峰洞を拠点としていた延辺の暴力団「黒蛇派」7人を逮捕し、25人を起訴した事件を交えて脚色した映画だ。

朝鮮族の暴力団員たちは、縄張りの飲食店などから定期的な上納を受け、夜の街を支配していた。彼らは刀や斧《おの》などを持ち歩き、自分たちに逆らう者には無慈悲な暴力を振るった。映画の冒頭、借金の取り立てで「足1本いくら」「腕1本いくら」などと言いながら、被害者に危害を加えるシーンが出てくるが、実際、延辺の黒蛇派は「片足切断２５０万ウォン」「両足切断５００万ウォン」と値段を付け、殺人も１０００万ウォンあれば請け負ったとのこと（慶北《キョンブク》新聞２０１９年1月14日「犯罪都市、『黒蛇派』の実話をモチーフ！　尹《ユン》啓《ゲ》相《サン》の痛快な悪役熱演が光る映画！」http://www.kbsm.net/default/index_view_page.php?idx=230620&part_idx=318）。

朝鮮族の女性が主人公の作品もある。『悪女』（２０１７年、邦題同じ）だ。延辺の犯罪組織で殺し屋として育てられたスクヒ。韓国で育ての親でもある夫を敵対する組織に殺され、復讐するが、その後、韓国の情報機関に捕らえられ、政府直属の暗殺者として第２の人生を歩み始める。

見どころは、木刀、長剣、拳銃、斧など、どんな武器でも使え、素手でも男に勝つスクヒの豪快なアクションだが、幼い頃に目の前で父を惨殺されるなど、かなり残酷なシーンもある。

大ヒットしたものの、社会的に大きな物議を醸《かも》したのが『青年警察』（２０１７年、邦題『ミッドナイト・ランナー』）。２人の警察大学の学生が、目の前で起きた若い女性の拉致事件に巻き込まれ、苦闘しながら解決する青春アクション映画だ。朝鮮族による犯行で目的は卵子売買。舞台は、朝鮮族が集まって暮らすソウル市永登浦区《ヨンドウンポ》の大林洞《テリムドン》。朝鮮族の犯罪者たちは不潔で粗暴、タコ部屋のような所に集団で寝泊まりしながら、家出少女たちを拉致しては残忍に扱っている。

本作は17年8月9日に公開されると大好評、観客動員500万を突破するヒット作となったが、大林洞に住む朝鮮族の住民を中心に大きな反発も呼び起こした。

映画冒頭にこんなシーンがある。主人公の2人の青年が初めて夜の大林洞の繁華街を訪れ、「韓国にこんな所があったのか?」「看板を見てみろ。中国だな」と驚いていると、タクシー運転手が言う。

「学生さん、この町は朝鮮族だけが住んでいて、夜は刃傷沙汰《にんじょうざた》がよく起きます。旅券のない犯罪者たちも多く、警察もあまり来ません。歩き回らないほうがいい」

ちなみに、日本語字幕では「この町は朝鮮族だけが住んでいて、夜は刃傷沙汰がよく起きます」は「この辺りは治安がよくないんですよ」とソフトな表現に変えられている。

そのため、『青年警察』には上映禁止運動が起こってしまった。

第4章

同胞社会のたくましい女性指導者、朴玉善

1・映画『青年警察』上映禁止を求めて立ち上がる

2017年9月1日、中国同胞（朝鮮族）団体47のうち40の団体長が初めて集まり、大林《テリム》2洞の住民センターで協議し、これから定期的に会合を開き、「同胞社会を蔑《さげす》む文化的弊害《へいがい》を清算すべく」総連合会の結成を推めることになった。この日、参加できなかった7団体の長も「今後、意を共にする」と伝えた。団体長のほかにも吉林《きつりん》新聞代表、大林商人会会長、外国人自主防犯隊隊長など、関係者約20人も会議に参加した。

映画『青年警察』上映禁止要求対策委員会執行委員長を務める朴玉善《パクオクソン》は、取材でこう語った。

「この映画は中国同胞を犯罪集団だと罵倒《ばとう》し、中国同胞がたくさん住んでいるソウル大林《テリム》洞《ドン》を犯罪の巣窟《そうくつ》として描き、嫌悪《けんお》を拡散させた。もう我慢できなくなった。これからは我々は一丸とならなければならない」

記者が質問した。

「映画やドラマで中国同胞が不快に感じるようなシーンがあるのは、今回が初めてではない。『黄海』『悪女』などでも中国同胞の人身売買、殺人シーンが登場したが……」

朴玉善はこう答えた。

「『黄海』など、これまでの映画は暴力団や殺人請負業者の世界の話だった。私たちのような一般庶民たちが出演する映画ではない。

しかし今回の『青年警察』は、一般庶民が暮らす大林洞を特定して犯罪者の巣窟として描いた。そして、平凡な中国同胞を警察も恐れる刃物の使い手にしてしまった。

中国同胞に対する悪い偏見を打ち破るために『自主防犯隊』も立ち上げて努力してきたのに、一瞬にして水の泡となってしまった」

朴玉善自身はこの映画を公開当日に見た。

「映画を見ている間ずっと不快だったが、上映後、後ろから若い男性たちが『朝鮮族は××みたいだ』『すべて追放すべきだ』と言っているのを聞いた。ショックのあまり、席から立ち上がることができなかった」

大林洞の朝鮮族の住民たちは10年から外国人自主防犯隊を発足させ、毎週、金曜日〜日曜日の午後8時から2時間、自主的に巡察と美化活動を行っている。大林派出所の警察官に中国語を教えたりもして、警察とも協力し合っている。

この自発的な防犯活動により、大林洞の犯罪率は急減した。地域の警察官も「映画と実際は全然違う。偏見と違い、中国同胞は治安に協力している」と口をそろえた。映画では大林洞を「警察も怖くてあまり行かない所」としていたが、現実とは180度違うのだ（中央日報2017年9月1日「『青年警察』が大きな波紋　中国同胞団体40団体、初めて集結」https://news.joins.com/article/21897218）。

映画『青年警察』をめぐって、大林洞に住む朝鮮族ら地域住民約60人が「『青年警察』の製作、配給、上映により人格権と平等権を侵害され、社会生活に支障をきたしている」として、映画製作会社を相手に精神的損害の賠償を請求する民事訴訟を起こし、一審では請求が棄却されたが、20年3月、控訴審で和解勧告が決定。製作会社は「朝鮮族同胞に対する否定的な描写により、不快感や疎外感《そがいかん》を受けた原告に謝罪する。今後、映画を製作するにあたって、観客に特定集団に対する偏見や反感を引き起こすおそれのある嫌悪表現はないか十分に検討することを約束する」とし、再発防止を約束。原告は損害賠償請求を取り下げた（OhmyNews 2020年6月19日「映画『青年警察』製作会社、朝鮮族同胞の否定的描写を謝罪」http://www.ohmynews.com/NWS_Web/View/at_pg.aspx?CNTN_CD=A0002651467）。

2・差別や嫌悪と闘い「人種差別禁止法」制定を目指し国政にも挑む

朴玉善は現在、民主党・帰還中国同胞権益特別委員長、CK女性委員会理事長、中国同胞支援センター代表と、要職を兼任する朝鮮族出身の女性政治家だ。

1967年4月に中国黒竜江《こくりゅうこう》省勃利《ぼつり》県で生まれた。彼女の父親は朝鮮半島で生まれ、7歳で満州に移住したという。黒竜江師範大学幼児科を卒業、黒竜江省佳木斯《ジャムス》で小学校教師になる。

しかし、元々の夢は新聞社の特派員。教師をしながら、黒竜江新聞社の客員記者としても働き、実話をもとに連載小説を寄稿した。しかしこれが問題となり、佳木斯を夜逃げすることになる。小説のモデルとなった事件の人物が現れ、脅迫されたのだ。

彼女は遼寧《りょうねい》省大連《だいれん》に行き、知人のツテで韓中合弁企業に就職。教師と新聞社の経歴が認められ工場長になる。韓国人社長の下で200人ほどの職員を統率したが、それもつかの間、社長の密輸が発覚、その余波で会社を辞めるしかなくなった。途方に暮れていた朴に韓国に行くチャンスが訪れる。

92年11月、25歳の時に中韓が国交正常化され、翌年11月に産業研修生制度の導入が決まった。それを使って訪韓したとすれば、第1次研修生の入国が94年5月なので、朴が訪韓したのはこの時期か、あるいは91年11月から施行された海外投資企業研修生制度で入国したとみられる。

釜山沙上《ササン》区の革染色会社を皮切りに、ビニール製造会社、貿易会社などで働いた。結婚し、夫と99年にソウル加里峰《カリボン》の中華街に移り住むようになった。２００１年、中国食品卸《おろし》売《うり》業を始め、これが軌道に乗ると旅行会社、中国語学院なども起こし、事業家として成功、そして政界へ進んだ（朴玉善の来歴についての出典は、聯合ニュース２０１６年７月４日「〈中国同胞成功時代〉③汝矣島《ヨイド》［政界］が注目する朴玉善さん」https://www.yna.co.kr/view/AKR20160629168600371）。

16年3月、朴玉善は第20代国会議員選挙（同年4月13日実施）で、共に民主党（以下、「民主党」）比例代表候補者としてリストアップされた。このとき、黒竜江新聞のインタビューを受け、次のように語っている（黒竜江新聞２０１６年３月23日「朝鮮族初の韓国国会議員比例代表候補…どんな人？」https://freewechat.com/a/MjM5MzA0ODQzMA==/405859644/1）。

《30位は大きな異変がない限り、国会議員当選は不可能な順位だ。しかし、これは在韓朝鮮族社会の地位向上に肯定的なシグナルだ。

韓国で二等公民として暮らしている中国同胞の現状がとても残念だ。韓国の出入国政策や就職政策をはじめ、中国同胞の立場では理不尽な面があまりにも多い。

現在、韓国社会には教授、医師、弁護士、事業家など、成功した朝鮮族が多いが、犯罪など、否定的な姿だけが浮き彫りになっている。

中国同胞のイメージ改善と地位の向上のため、誰かが同胞の立場を代弁し、犠牲になって行動しなければならない》

選挙では民主党比例代表候補者は13位までが当選、朴は本人の言葉通り当選できなかったが、20年の第21代国会議員選挙で再出馬した。民主党比例代表候補者の面接審査をパスした48人に含まれた時点でメディアのインタビューに応じ、強い覚悟で抱負を語った。

《韓国は在外同胞大国だ。在外同胞だけで約750万人に上る。国内滞在の外国人は2

40万人ほど。このうち中国同胞は100万人に迫る。

新型コロナの拡散より恐ろしいのは中国人を嫌悪する「嫌中情緒」だ。最近は「チャイナゲート防止法」の発議《ほつぎ》も取りざたされている。

中国同胞に対する嫌悪は朝鮮族自身が持つ否定的な要素のためではない。これまで中国同胞に対する差別は、単に「知らないから差別する」のだと思っていた。しかし、20年が過ぎても差別と嫌悪が続く。移住民が努力しても変わらない。そして思った、法と制度の問題だと。

（所属政党に）民主党を選んだのは盧武鉉《ノムヒョン》大統領の影響。盧武鉉大統領が、訪問就業制など、中国同胞の宿願だった同胞包容政策を実現し、母国との自由往来の夢をかなえた。自分の強みは、多文化移住民政策問題を主導できる強いリーダーシップとネットワークだ。

第21代国会では、人種差別禁止法を制定し、グローバル観光特区を推進し、韓国の多文化時代を開く》

記者は最後にこう問うた。「韓中関係を一言で表現してほしい」。朴玉善は「韓国と中国は切っても切れない友人関係」と答えた（亜洲経済新聞2020年3月8日「朴玉善『100万の中国同胞と共に嫌悪・排除のない共同体の構築を通して盧武鉉精神を完成させる』」https://www.ajunews.com/view/20200308132734353）。

しかし、比例代表を決める予備選で落選。落選が決まると、朴はさっそく中央党比例代表国会議員選挙候補者推薦管理委員会に対し、書面で異議を申し立て、フェイスブックでも公開した。

《中国同胞出身であるため、差別的に排除したと判断される》

《正義党（他党）が比例代表党内選挙の得票結果を公開したように、私を含むすべての候補の得票結果を公開し、多文化分野だけを除いた判断基準が何か、明らかにするよう要請する》

ちなみに朴玉善は日本に対しては「反日」の立場だ。たとえば19年7月20日から4週間、左派系団体がソウルの日本大使館前で開催した「安倍糾弾第4回ロウソク文化祭」に登場、8月11日にソウル大林《テリム》駅近くで記者会見し、「日帝強占時代（併合時代）、国を奪われ、満州で独立運動をした中国同胞たちが、韓国で新たに生活の基盤を作って生きていこうとしているが、日本の安倍政権が平和を損なっている。市民の一人として不満だ」と訴えた（京郷《キョンヒャン》新聞2019年8月11日「旧日本大使館前に1万5000人「安倍糾弾ロウソク文化祭」…中国同胞も日本政府を批判」http://news.khan.co.kr/kh_news/khan_art_view.html?art_id=201908111321001#csidx440bc6f090c64d19ddf15780747ffe0）。

3・「ブロガー通信員」も養成する中国同胞支援センター

最後に、朴玉善が代表を務める中国同胞支援センターを紹介しておこう。ソウル市九老《クロ》区九老洞《クロドン》に所在する、常勤スタッフ4人とボランティア20人の小さな組織だ。

設立目的は「多文化・在韓中国同胞の韓国生活への定着のための教育を行い、韓国の地域住民と交流できるシステムを構築する。在韓中国同胞が韓国生活への定着に必要なイメージトレーニング、ハングルの学習、基本マナー、基本的な医療知識など、韓国生活に必要な基本的な教育を体系的に行う」ことで、主要事業は各種相談と教育。

ホームページの主要事業「教育／文化」を見ると、「韓国語教室　コンピュータ教室　就業コンサルティング　生涯教育大学　ブロガー通信員　ネットワーク」とある。「ネットワーク」は教育というよりも、年2回の歓談会での交流。「コンピュータ教室」で、メッセンジャーでの対話やメールのやり取りのしかた、マイクロソフト・オフィスを使う実務教育をしているが、それとは別に「ブロガー通信員」の教育も設けているのが目を引く。「ブロガー通信員」の教育目的は「ハングルが分かる同胞を中心に、ニュース、新聞、作文、討論、プロジェクト、発表、そして韓国の実生活と調和する講座を通じて、有用な情報を得て韓国生活に適応できるようにする」。週1回平日の晩に行われ、1学期8週間で2学期制とのこと。教育内容はブログ、ツイッター、フェイスブックの運営管理だ。これをもって「ネット上のコメント部隊を養成している」とまでは言えないだろうが、気になるポイントなのは間違いない。

ちなみに「ブロガー通信員」の説明部分には「韓国人と同様に韓国語を上手に話し」「ブログにも熱心に取り組み」「ママ・カフェなど、インターネットコミュニティに加入し」「ツイッター、フェイスブック、インスタグラム、SNSも一所懸命」「爆発的な力を発揮」と書かれていたが、チャイナゲート騒ぎが起きてしばらくして削除された。

4・朝鮮族を「同胞」と言うな！

朝鮮族の人々は韓国社会に溶け込み、差別を克服しようと頑張っている。だが、そういう多くの努力を無にしてしまう事件が起きると、広く報じられ、またイメージが悪くなってしまう。

2021年1月22日午後8時過ぎ、ソウル永登浦《ヨンドゥンポ》区大林洞で、ある男が男女2人を凶器で刺して殺害する事件が起きた。犯行には男の友人も加担しており、加害者も被害者も全員朝鮮族だった（報道では「中国同胞」とされた）。

加害者の男は、通りに面した飲食店の前で被害男性とケンカになり、もみ合っている途中、所持していた凶器で男性を刺し、喧嘩を止めようとした女性も刺した。男は現場から逃走。被害者らは病院に搬送されたが、死亡した。

警察はまず刺されて倒れた被害男性を蹴るなどした友人の男を逮捕、23日午後3時頃には刺した男も逮捕した。男は被害女性と交際していたことがあり、よりを戻そうとして拒否されたことから犯行に及んだという。

事件を報じた記事にはネチズンから激しい嫌悪と非難の声が殺到した（コメントは、ネイバーにアップされたＪＴＢＣ２０２１年1月23日「大林洞のど真ん中でケンカの末、凶器で…中国同胞２人死亡」https://mnews.jtbc.joins.com/News/Article.aspx?news_id=NB11989299に寄せられたもの）。

「誰が同胞だって？　中国人が２人死んだだけだよ」

「大林洞は本当に問題だ。他国でも中国人が集まる町は、結局、公権力も手をつけられないほどの犯罪の巣窟になる。韓国もそうならない保証はない。ことが大きくなる前に、中国人を制限してほしい」

「中国人を追放しろ。本当にこれでも国か？」

「（朝鮮族が）凶器を持ち歩いているという説が正しい、という証拠だ。身の毛がよだつ。中国での習慣を捨てろ、朝鮮族たちよ」

「お願いだから『同胞』って言うな。ただの中国人だ」

第5章

「外交惨事」を引き起こした韓中の厳しい現実

1・サードミサイル導入をめぐる葛藤

韓中間には、黄海の韓国領海での中国漁船による不法操業問題がある。離於島《イオド》（韓国最南端の馬羅島《マラド》から西南149キロにある水中の岩礁《がんしょう》。韓国は2003年に海洋科学基地を建設し、現在実効支配している）の帰属、東北工程（1997年から始まった中国東北部の歴史研究を目的とする中国のプロジェクト。そこで高句麗《こうくり》と百済《くだら》と渤海《ぼっかい》を中国史の地方政権としたことに韓国が抗議）、黄砂《こうさ》・微細粉塵《びさいふんじん》（PM2・5）など、さまざまな問題があるが、近年最も深刻な問題として浮上しているのが軍事問題だ。

特に韓国国内に配備されたサードミサイルが注目されている。中国はこのシステムを構成する「Xバンドレーダー」で中国内部が丸見えになることを嫌がった。

16年7月8日、韓米は北朝鮮の核やミサイルの脅威に対する自衛を目的に韓国にサードを配備すると発表。これに対し中国外交部は「強い不満と決然とした反対を表す」と声明を出した。

7月13日　韓国国防部は慶尚北道星州郡《キョンサンブクトソンジュ》京山里《キョンサンリ》に置くと発表。すると24日に行われた韓中外相会談後、王毅《おうき》外相がサード配備の決定に強い不快感を示し、「最近の韓国側の行為は両国の相互信頼を損ねた。非常に遺憾《いかん》だ」と述べた。王外相はこの会談で終始硬い表情を崩さず、尹炳世《ユンビヨンセ》外相が発言をしている時に頬杖《ほおづえ》をつくなど外交的欠礼をした。

9月30日、韓国国防部はサードを、星州にロッテが所有するゴルフ場に置くと発表。すると12月、陳海《ちんかい》中国外交部副局長が、韓国外交部の延期要請にもかかわらず、強引に韓国に入国し、ロッテやサムスンなどの企業家らが集まった席で「小国が大国に逆らえるのか」「サードを配備したなら、断交レベルの大きな苦痛を与える」と脅迫まがいの発言をした。

17年2月21日、中国官営メディアの環球時報が「ロッテが考えを変えないなら、中国を離れるべきだ」と報道。3月2日、中国国家旅游局が北京所在の旅行会社に15日以降、韓国行きの団体観光を中止するよう口頭で指示を出す。

3月6日、在韓米軍烏山《オサン》空軍基地にサードミサイルが到着。8日、王毅外相が記者会見で「我々はサードに対して初めから断固反対した」と述べ、その反対理由を「サードの観測範囲は朝鮮半島を遥かに越え、中国の戦略的安保利益を侵害することは誰もが知る事実」とした。

同月15日、韓国への団体旅行商品が販売中止になり、韓国の観光関連産業が大打撃を受ける。韓国企業製品の不買運動も始まり、自動車、化粧品なども業績が大きく悪化する。中国内で韓流ビジネスを対象に「限韓令」(韓流禁止令)が敷かれ、韓国で制作されたコンテンツ、または韓国の芸能人が出演する広告などの配信が禁止となる。韓中合作ドラマでヒロインを務めた韓国人女優は突然降板させられ、CMでモデルに抜擢《ばってき》された韓国芸能人も予告なしに中国芸能人に交替。韓国ドラマのほとんどが放送審議を通過できなくなる。サードの配備地を提供したロッテに対しての報復はさらに凄《すさ》まじく、検疫当局によってロッテの菓子が廃棄処分され、中国の民衆によるロッテに対するボイコットも起きた。中国にあったロッテマート(大型スーパー)は99店舗中87店舗が中国当局により営業を止められ、18年にロッテは中国進出11年目にして、莫大な損害を抱えて中国から追い出されてしまった。

17年3月6日、米軍C-17輸送機によって、烏山基地にサード発射台2基が到着、4月26日には星州ゴルフ場にレーダーや発射台2基などの装備を搬入した。

5月10日、文在寅《ムンジェイン》が大統領に就任。6月7日、青瓦台《チョンワデ》は環境評価が完了するまでサードの本格運用を延期する方針を発表。「環境評価」とは、ミサイルシステムのレーダーが発する電磁波や騒音が人体に有害ではないかを調べるもので、結果は「まったく問題なし」。

そもそもこれはデマで、かねてからサード配備に慎重な立場を示していた文大統領の配備を遅らす口実にすぎなかった。

だが7月28日、北朝鮮が弾道ミサイルを発射。これを受け文大統領も、米軍基地内に保管していた残り4基を環境評価完了前に臨時配備することを決断。9月7日、残る発射台4基を搬入した。これにより6基すべてが揃い、サードの本格運用が始まった。

2・「南京大虐殺」記念日の北京入りと10回中8回の「ひとり飯」

サードをめぐる中国との激しい葛藤《かっとう》に苦しみながらも、2017年12月に文大統領はなんとか最初の訪中にこぎつけたが、その実現にあたっては10月に中国側から以下の「三不合意」を飲まされた。

(1)米国のミサイル防衛(MD)体制に加わらない
(2)韓米日安保協力を3カ国軍事同盟に発展させない
(3)サードの追加配備を検討しない

この主権侵害レベルの屈辱的な「三不合意」を受け入れて、国賓として初の訪中に赴《おもむ》いた文大統領だったが、中国側の怒りは収まっていなかった。

12月13日、北京に到着した文大統領一行を迎えたのは外交部アジア担当次官補の孔鉉佑《こうげんゆう》だった。16年10月にフィリピンのドゥテルテ大統領が訪中した時は王毅外相が迎えた。明らかに格下だった。韓国メディアからは「中国は韓国の『国格』をフィリピンより低く評価している」と嘆く声が出た（SkyeDaily 2017年12月18日「文大統領の中国訪問、侮辱と屈辱まみれ　中国の外交欠礼が続いた…訪中で物乞いした屈辱的な朝貢《ちょうこう》外交という評価」http://www.skyedaily.com/news/news_view.html?ID=68584）。

この日、習主席は「南京大虐殺」80周忌国家追悼行事に出席するために南京に行っていた（日本が南京を占領したのは1937年12月13日）。文大統領はこの訪中で、韓国大統領としては異例なことに、「南京大虐殺」を取り上げて慰謝《いしゃ》の意を伝えた。あえてこの日に訪中させるのが中国側の条件だったのだろう。文大統領に踏み絵を踏ませたのだ。「反日で中国に追従する意思」をはっきり示せ、と。文大統領は唯々諾々《いいだくだく》と従った。

卑屈《ひくつ》なまでに従順な姿勢を示した文大統領だったが、中国側から手厚いもてなしを受けることはなかった。3泊4日の訪中期間、計10回の食事のうち、習主席との国賓晩餐《ばんさん》（14日）、陳敏爾《ちんびんじ》重慶市党書記との昼食（16日）を除く8食に中国側からの同席者はなかった。韓国側は15日に李克強首相との昼食会を行おうとしたが、実現しなかった（NEWSIS 2017年12月16日「訪中の成果は大きかったが、裏では大国らしからぬ中国のサード『後腐れ』」https://news.joins.com/article/22209514）。

中国は客の接待の中で食事を最も重要視している。にもかかわらず、国賓訪問をした文大統領の「ひとり飯」の回数がこれほど多かったのは、異例のことと言えよう。

3・取材中の記者2人を中国の警護員たちが暴行

さらに、随行した韓国の報道関係者2人が中国の警護員たちに暴行されるという信じがたい事態も発生した。

訪中2日目の12月14日午前10時50分ごろ（中国現地時間）、北京市内の国家会議センターで韓中貿易パートナーシップの開幕式が開かれた。文大統領が開幕式のあいさつを終え、式場から出て中央廊下へ移動したのに伴い、韓国日報と毎日経済新聞所属の写真記者が大統領についていこうとしたところ、中国側の警護員たちが制止した。韓国日報の記者が抗議すると、中国の警護員たちはこの記者の胸ぐらをつかんで後ろに強く倒した。記者は床に倒れた衝撃でしばらく立ち上がれなかった。

一緒にいた聯合ニュースの写真記者がこの状況を撮影しようとすると、中国の警護員たちはカメラを奪おうとした。

その後、文大統領は国内企業ブースの向かい側のスタートアップホールに移動、記者たちもホールに入ろうとしたが、中国側の警護員たちはまたもやそれを制止。記者たちは取材許可証を繰り返し見せたが、警護員たちは許さなかった。

毎日経済の写真記者が中国の警護員たちともみあいになると、周辺にいた10人ほどの中国の警護員が駆けつけて、この記者を廊下に連れ出し集団で暴行。記者が床に倒れると、ひとりの警護員が記者の顔面を強く蹴った。

写真記者と一緒にいた取材記者と会場の職員が制止しようとしたが、中国の警護員たちは腕力で押しのけた。青瓦台の警護チームは文大統領に随行していたため、この場にはいなかった。負傷した記者2人は釣魚台《ちょうぎょだい》国賓館2階で大統領の医療チームから応急処置を受けた後、北京市内の病院に移送された(ソウル新聞2017年12月14日「中国の警護員、文大統領を取材していた韓国人記者を『無差別集団暴行』」http://go.seoul.co.kr/news/newsView.php?id=20171214500129)。

顔を蹴られた毎日経済の写真記者は眼窩《がんか》と鼻の骨を骨折し、眼球が飛び出す重傷だった。一時は味覚と嗅覚《きゅうかく》の90％を喪失したという。韓国日報の写真記者は後ろに倒れたとき、背骨を微細骨折した。

青瓦台は外交部を通じて中国政府に公式に抗議し、真相究明と責任者の処罰を求めた。中国側は27日になって、蹴る姿がはっきり撮られた1人だけを逮捕するが、暴行に加わった他の警護員は不問とした。1人の偶発的な行為として「尻尾《しっぽ》切り」ですますことにしたのだ。そして拘束から3カ月が過ぎても「まだ捜査中」としていた中国側がこの1人をきちんと処罰したのかは、不明のままに終わった。

韓国政府は翌18年1月に訪韓した孔鉉佑次官補から、「（文大統領）国賓訪中期間に不祥事が起きたことは遺憾に思う」という言葉を得たことで「中国が謝罪したと見る」とし、一件落着とした。負傷した記者への賠償について、韓国外交部の当局者は「賠償は被害者個人が訴訟などで解決する問題だ」「韓中間には他の懸案も多い」と述べて終わった。この事件をめぐる報道は朝鮮日報（２０１８年3月29日「記者暴行１００日…中国はうやむやに、韓国政府は終わったこととした」http://news.chosun.com/site/data/html_dir/2018/03/28/2018032803693.html）が最後となった。

4・「三田渡の屈辱が思い出される」

中国の警護員たちによる韓国の写真記者2人への集団暴行のあった12月14日の午後、北京で行われた文大統領と習近平中国国家主席の韓中首脳会談で、原油供給中断など具体的な対北制裁への言及はなかった。韓国側の会談結果発表文には「国連安全保障理事会決議を忠実に履行するなど、制裁と圧迫で北朝鮮を対話の場に導くため、引き続き協力することにした」という一文が入った。

一方、両首脳は「朝鮮半島で戦争は絶対に容認できない」と合意。韓国としては北朝鮮を圧迫する手段の一つとして軍事的オプションを持つ米国との関係で負担を負うことになった。また、習主席はサードの問題を再度取り上げ、韓国側の発表文には「習主席は韓国側がこれを重視し、適切に処理することを望むと述べた」と記された。

目前に迫っていた平昌《ピョンチャン》冬季五輪の開幕式への習主席の出席について、中国は一言も言及しなかった。結局、習主席は文大統領の強い期待と要請にもかかわらず平昌冬季五輪の開会式出席を見送った。14年、習主席はロシア・ソチ冬季五輪の開会式には出席し、ロシアのプーチン大統領のメンツを立てたが、文大統領にそうすることはなかった。中国は22年の冬季五輪を北京で開く当事国でもあったのに……。
この諸々《もろもろ》の惨憺《さんたん》たる結果に、翌15日、野党から「外交惨事」として強く批判する声が続出した（聯合ニュース2017年12月15日「野党『国格を傷つける朝貢・物乞い外交』韓中首脳会談一斉に攻勢」https://www.yna.co.kr/view/AKR20171215063251001）。
「大統領随行記者は路上の犬が蹴られるように殴られた。史上類を見ない外交的大型惨事だ。果して韓国政府が中国と今後どのような首脳外交ができるのか疑問だ」（金聖泰《キムソンテ》・自由韓国党院内代表）
「空港到着から訪中日程の全てが冷遇と屈辱、侮辱の連続だった。国格も主権国家の自尊心も放り出したまま首脳会談だけに執着して、自ら招いた物乞い外交の当然の結果だ」（金《キム》東喆《ドンチョル》・国民の党院内代表）
「三田渡《サムジョンド》の屈辱が思い出される。韓国外交の大惨事だ。対中屈辱外交の現実を見て胸が震えた」（鄭鎮碩《チョンジンソク》・自由韓国党議員）

「三田渡の屈辱」とは1637年1月に、朝鮮国王が中国の皇帝に臣下の礼をつくすことを約束し、首都漢城の郊外、三田渡で三跪九叩頭《さんききゅうこうとう》の礼（三度跪《ひざまず》き、九度頭を地にこすりつける）をさせられたことを指す。後金《こうきん》の太宗ホンタイジは清《しん》を建国すると皇帝に即位し、朝鮮に朝貢と明《みん》への出兵を求めた。朝鮮国王仁祖《インジョ》がこれを断ると、ホンタイジは1636年12月、直接軍を率いて朝鮮に出兵し、朝鮮はわずか2カ月で降伏した。この民族的恥辱の記憶が今も韓国民の心の傷となっており、中国に対する深い畏怖《いふ》の念にもつながっているようだ。

5・文在寅なりに中国の暴走を諫めはしたが……

2017年12月15日、文在寅大統領（1953年生まれ）は北京大学で演説した。中国を「高い峰」「大国」と称え、自ら韓国を「小国」と呼び、中国が周辺国をより広く包容してくれるようにと訴えた。

《（中国共産党第19回党大会での）習近平主席の演説を通じて、私はただ経済成長するだけでなく、人類社会の責任ある国家として進もうという中国の大きな夢を見ました。民主法治による依法治国《いほうちこく》（法による国家統治）、依徳治国《いとくちこく》（徳による国家統治）、人民を主人と考える政治哲学、生態文明体制改革の加速化など、深く共感する内容が多かったです。中国が法と徳を前面に出して広く包容することは、中国を大国らしくする基礎です。周辺国に中国を信頼させ、共に歩もうとさせるでしょう。

中国はただ中国ではなく、周辺国と協調しているときにその存在が輝く国です。高い峰が周辺の多くの峰々と調和しながら、さらに高くなるのと同じです。そのような面で、中国の夢が中国だけの夢ではなく、アジアの皆、ひいては全人類と一緒に見る夢になることを願っています。

人類には相変らず解けない2つの宿題があります。ひとつは恒久平和で、もうひとつは人類全体の共栄です。私は、中国がより広く多様性を包容し、開放と寛容の中国精神を広げていくとき、実現可能な夢になると信じています。韓国も小さい国ですが、責任ある中堅国家としてその夢に向かって共に歩むつもりです》

要するに「どうか私たちをいじめるのはやめてほしい」と文大統領なりに勇気を出して

中国の横暴を諫《いさ》めているのだから、一定程度、評価することはできる。だが、「徳治」、つまり「人治」を「法治」と並立させ、法を軽視し、中国共産党の不法なあり方や行為を容認してへつらう物言いは、卑屈《ひくつ》で浅はかとしか言いようがないものであった。

6・韓国は中国の一部なのか？

日本にとって、到底聞き捨てならぬ発言もあった。

《私が中国に到着した13日は『南京大虐殺』80周忌の追悼日でした。韓国人は中国人が経験したこの苦痛な事件に深い同質感（共感）と相憐《そうりん》の心を持っています。この不幸な歴史により犠牲になり、今もなお苦しみを抱いているすべての方に慰謝の意を伝えます。このような不幸なことが2度と繰り返されないよう、我々皆が過去を直視し、省察《しょうさつ》することで、北東アジアの新しい未来の扉、協力の扉をさらに広げていかなければなりません。

1932年4月29日、上海の虹口《こうこう》公園で朝鮮青年、尹奉吉《ユンボンギル》が爆弾を投げました。そこで開催された日本帝国の戦勝祝賀記念式を懲《こ》らしめるためでした。尹奉吉は韓国独立運動史の英雄の一人です。彼の挙事《きょじ》（大事を行うこと）により、韓国の抗日運動は中国といっそう深く手を握るようになりました。現場で逮捕され死刑となりましたが、今、魯《ろ》迅《じん》公園と名を変えた虹口公園には、彼を記念して梅園という小さな公園が造成されています。本当にありがたいことです》

もちろん「南京大虐殺」など嘘であり、尹奉吉は跳ね上がった暴徒に過ぎず、英雄などではない。典型的な事大《じだい》主義（小が大に事《つか》えること、強い勢力に付き従うという考え）だ。なぜ韓国大統領の身分で、自国と関係ない「南京大虐殺」などに言及するのか？　歓迎もしない、それどころか侮辱する相手にそうまでして気に入られたいのか？　習近平の目には、熱弁をふるう文在寅は、懸命に尻尾をふって自分にじゃれてくる子犬に見えていたのではないか。

2017年4月にフロリダで行われた米中首脳会談で、習主席が米国のトランプ大統領に「この数千年、韓国（朝鮮半島全体）は事実上、中国の一部だった（Korea actually used to be part of China)」と話したことを、米紙ウォールストリート・ジャーナルでのインタビューでトランプ大統領が明らかにした（２０１７年４月13日「WSJ Trump Interview Excerpts: China, North Korea, Ex-Im Bank, Obamacare, Bannon, More」https://www.wsj.com/articles/BL-WB-68027）。

中央日報は「習主席が実際に『韓国は中国の一部』と発言したのか、通訳上の問題があったのか、それともトランプ特有の単純話法によって習主席の言葉が歪曲《わいきょく》されたのかは、確認されていない」と報じた（２０１７年４月20日「『韓国は事実上中国の一部だった』習近平主席、トランプに衝撃発言」https://news.joins.com/article/21494144）。

しかし、この訪中で中国側が行った文大統領一行に対する無礼をみれば、習主席は本当に「韓国は中国の一部」と見ており、トランプ大統領もそう理解し、そのまま発言した、と見るのが自然ではないだろうか。

第6章

最前線であばれまわる中国人留学生たち

1・留学生の約75％が共産党・共青団所属？

《韓国では中国人留学生6万8000人が勉強しています。中国では韓国人留学生7万3000人が勉強しています。昨年1年間に両国を行き来した人々の数は1300万人に達します。このように韓国と中国は最も近い隣国です。

韓国には「遠くの親類より近くの他人」という言葉があります。隣人は遠くに住む親類に優るという意味です。中国と韓国は、地理的な近さの中で悠久の長い歳月の間、文化と情緒を共有してきました》

2017年12月15日、北京大学での講演で文大統領はこう述べ、長きにわたる韓中の親密な関係を表現した。が、もちろん常に親密だったわけではない。前述した三田渡《サムジョンド》の屈辱のような史実もあるし、今の韓中関係も親密というだけではない。

教育基本統計（教育部）によると、19年4月1日現在、韓国で学ぶ中国人留学生はさらに増えて7万1067人（全体の44・4％）。語学研修などを除外し、大学、専門学校、大学院（修士と博士）に限定すると、外国人留学生総数は10万2１5人、うち中国人留学生は5万6１0７人で56％を占める。

中国に次いで留学生が多い国はベトナム3万７４2６人（23・４％）、モンゴル７３８１人（４・６％）、日本４３９2人（2・７％）、米国2９１5人（１・８％）の順。ただし、ベトナムは留学生中、語学研修生が63％（2万３６０2人）を占める。中国の留学生中、語学研修生は13％（９３2６人）。

韓国への外国人留学生が増えた背景には、各大学の国際化戦略とともに財政難がある。少子高齢化の影響で学齢人口が急減、生き残るために外国人留学生の誘致を進めてきた。

そんな中で、中国人留学生の大半は中国共産党・中国共産主義青年団（共青団）に所属していることが分かった。16年10月に仁川《インチョン》大学が中国人留学生の実態を調査した結果、有効回答者１７７人のうち１2３人が共青団員（69・5％）、5人が共産党員（2・８％）、つまり72・３％が共産党・共青団所属で、韓国の中国人留学生のおよそ4人に3人が中国共産党と直接関係があると推定される（新東亜2０１９年12月17日「中国人留学生の75％が共産党組織に所属…党細胞として活動しながら理念を実践」https://www.donga.com/news/Inter/article/all/20191217/98844821/1）。

2・ソウルでも、北京五輪の聖火リレーに集まって暴力行為

08年4月26日、長野で行われた北京五輪の聖火リレーで、中国人留学生とチベット支援者などが衝突、聖火リレーが妨害された。集まった中国人留学生は4000人を超え、沿道を埋め尽くすほどだった。

これは10年7月1日から施行された「国防動員法」の準備段階での実験的試みだった。

4月27日、ソウルで行われた聖火リレーでも同様のことが起きた。ソウル松坡区《ソンパ》のオリンピック公園「平和の広場」。北京五輪の聖火リレーを歓迎するために集まった中国人約6500人が広場を覆《おお》った。彼らは大きな五星紅旗《ごせいこうき》（中国国旗）を振ったり、体に巻き付けたりしていた。さらに彼らが着てきた赤い服によって広場全体は赤く染まった（朝鮮日報2008年4月28日「ソウルを覆った五星紅旗」http://news.chosun.com/site/data/html_dir/2008/04/28/2008042800036.html）。

聖火リレーが始まると、あちこちで市民団体など、北京五輪に反対して行事を阻止しようとするグループと中国人のあいだで小競《こぜ》り合いが起きた。中国人留学生らは反対デモ隊

に石や角材を投げ、暴行を加えた。

「平和の広場」の近くではキリスト教系の市民団体の会員約200人が、中国内の脱北者の強制送還と中国によるチベットへの弾圧に抗議する集会を開いていた。ある脱北者は「中国にはオリンピックをする資格がない」と叫んでリレーの列に飛び込み、また別の脱北者はリレー走者の通る路上で焼身自殺を図るなどした（命に別状はなく、警察に連行された）。

ソウル市庁前を「フリーチベット」と記されたTシャツを着て歩いていた米国・カナダ人5〜6人に中国人らが襲いかかった。彼らは警察の制止を振り切って、米国人たちに水筒を投げつけ、旗竿《はたざお》で殴りつけ、額や頭などに打撲傷を負わせた（中央日報2008年4月28日「オリンピック聖火リレー、ソウルでも衝突」https://news.joins.com/article/3126834）。

この暴力事件には「在韓中国人韓国留学生会」という組織が関係していた。会長は東国《トングク》大学大学院の博士課程の学生だったが、じつは中国人民公安大学（韓国の警察大学と類似した中国公安部直属の幹部教育機関）出身の公安員（警察官）だった。

また、暴力事件の現場には、現職の人民解放軍将校だった駐韓中国大使館武官ら大使館関係者の姿もあった。駐韓中国大使館が電話やメールで留学生の参加を促《うなが》していたことも明らかになった（新東亜の前掲記事）。

3・香港の民主化運動を応援する韓国人学生を攻撃

2019年春から香港では、犯罪容疑者の中国本土への引き渡しを可能にする「逃亡犯条例」改正案の制定をめぐって反対デモが始まり、大規模な民主化運動に発展した。学生や市民のデモ隊と警察が衝突を繰り返し、世界が注目し、危惧していた。

韓国も例外ではなかった。韓国人学生たちは香港の民主化運動を支持し、声援を送った。それを中国人留学生たちが阻止しようとして、壁新聞をめぐる対立から物理的な衝突まで起きた。

19年11月15日、ソウルのある大学のオンラインコミュニティに、「中国人留学生の蛮行を広く知らせてほしい」というタイトルの書き込みがアップされ、そこにはこう書かれていた。

「漢陽《ハニャン》大学、韓国外国語大学、高麗《コリョ》大学などで中国人留学生が香港のデモを支持する韓国人学生を隠し撮りして、中傷している。ある女子学生は、『私は寄生虫のような売女《ばいた》』など侮辱的な言葉と共に本人の写真を構内の掲示板に貼られた」

「中国人留学生は数が多く、仲間でチャットルームのような連絡システムを作っている。そして香港を支持する学生たちの個人情報をばらまき、殺すと脅迫している。この蛮行を広く知らせてほしい」

漢陽大オンラインコミュニティでは、「中国人留学生が財力を誇示し、嫌韓感情を表した」という書き込みがアップされた。「私たちは学校にお金をたくさん出している」と言って、人文科学大学の1階にある壁新聞の前を歩きながらコインを投げたという（中央日報2019年11月21日「香港を支持する韓国人学生に『売女』、殺人脅迫までする中国人留学生たち」https://news.joins.com/article/23638074）。

ソウル大学の学生が香港市民を応援する文をポストイット（付箋《ふせん》）に書いて貼る壁、いわゆる「レノンウォール」を構内に設置した。

レノンウォールとは1980年代、共産主義に反発していたチェコの若者たちがビートルズのメンバー、ジョン・レノンの歌詞を壁に落書きし、それが自由を象徴する壁になったことに由来する。香港では、14年の雨傘革命から市民が政府を糾弾し、民主化の願いを込めた言葉を書いて壁に貼っていた。ソウル大でもそれにならって設置されたのだ。

すると、中国人学生たちが反発。香港の民主化を支持する集会の近くで、香港警察を擁護し、デモ隊を批判する対抗集会を開いた。彼らは「一つの中国」を叫び、「香港の警察を支持する。香港のデモ隊は違法行為をしている」と主張。レノンウォールも壊された。

香港デモを支持する延世《ヨンセ》大学の韓国人学生が大学の構内に香港民主化支持の垂れ幕を掲げたが、それも2度毀損《きそん》された（京郷新聞2019年11月10日「『光復・香港』韓国でも『香港民主化支持』の声…中国人たちの対抗デモも」http://news.khan.co.kr/kh_news/khan_art_view.html?art_id=201911101610001）。

4・ある中国人留学生からの手紙

2020年5月5日、東亜日報系の月刊誌『新東亜』が匿名の中国人留学生の手紙を掲載した（「中国留学生の手紙『中国共産党はウイルスのような存在』」https://news.naver.com/main/read.nhn?mode=LSD&mid=sec&sid1=104&oid=262&aid=0000013179）。この留学生は現在、韓国のある大学の大学院で勉強しているという。

彼が韓国への留学を決めた理由は「真の学問をするためには、中国共産党治下の中国を離れなければならないと判断したから」。

「幼いころから中国共産党政府の洗脳教育を受け、小学校入学後から大学時代まで政治思想の科目で苦しめられた」

その後、大学で助教として働き、学校の行政システムを理解した。中国の大学には例外なく共産党組織が構築されており、大学の校長（総長）という教務行政責任者とは別に中国共産党委員会書記が存在しており、学校行政機構が党機構に従っていることを知ったという。

この留学生は「韓国での留学生活は楽しかった。何よりも政治思想の科目がなく、さまざまな本や資料が読めた」と書いた上で、「中国の留学生の中には共青団員、共産党員が多く、彼らは海外でも中国共産党の細胞として活動している」とし、自身の経験を語る。

ある日、共産党員の中国留学生が訪ねてきて急速に親しくなった。しかし、中国共産党の問題点を指摘すると「視線が冷たくなった」。後日、その留学生が駐韓中国大使館と連絡を取り合っていることを知り、鳥肌が立った。自分は取り込み対象だったのだ。オンライン上でも監視対象で「外国に出ても、共産党の監視下に置かれている」ことを知ったという。

彼が勇気を出してこの手紙を書いた理由は「愛する韓国と韓国人が心配だから」。韓国で暮らしながら「いつからか韓国が中国に似てきている」と感じはじめ、「韓国の若い世代や進歩派の人々が中国共産党の実体をよく理解しないまま、無批判に中国を追いかけているような姿を見て恐ろしくなった」。そしてこう訴える。

「中国共産党は水が紙に染《し》み込むように韓国に浸透しており、ここを植民地にするのではないかと心配だ。中国共産党は目に見えぬかたちで韓国社会の奥深くまで魔の手を広げている。韓国人は中国共産党の実体をきちんと知って、警戒心を持ってほしい」

5・朴槿恵大統領を退陣に追い込んだロウソク集会にも大量に参加か？

中国の情報機関が、韓国に滞在している6万人余りの中国人留学生を朴槿恵《パククネ》大統領弾劾《だんがい》のためのロウソク集会にこっそり参加させた、という指摘がある。

ロウソク集会とは、ベトナム戦争が行われていた1968年、米国でマーティン・ルーサー・キング牧師ら反戦運動家がロウソクを持って戦争反対を訴えたのが始まりとされる。
韓国では２０００年代に入って、大規模な群衆デモにロウソクが用いられるようになった。これらはすべて左派の主導によるものだ。

まず、02年6月に起きた米軍装甲車女子中学生轢死《れきし》事件で亡くなった女子中学生の追悼行事で同年11月ソウル、景福宮《キョンボックン》光化門《クァンファムン》前で初のロウソク集会が行われた。次に04年３月、盧武鉉《ノムヒョン》大統領弾劾に反対するデモでロウソクが使われた。このときソウルでは光化門交差点から徳寿宮《トクスグン》大漢門《テハンムン》までロウソクの灯りでいっぱいになった（同年5月、憲法裁判所は弾劾訴追案を棄却）。08年の李明博《イミョンバク》政権の時代には、米国産牛肉の輸入に反対するロウソク集会が行われた。

そして16年９月、朴槿恵大統領の友人、崔順実《チェスンシル》が国政に介入した疑惑が持ち上がり、10月29日、全国各地で国政介入の真相究明と朴槿恵大統領の退陣を求め、ロウソク集会が開かれた。集会への参加者は増え続け、11月26日には全国で１９０万人（警察推定33万人）を記録、韓国史上最大のデモとなった。

12月３日、国会で朴槿恵大統領の弾劾訴追案が発議《ほつぎ》され、同月９日に可決、大統領職務は停止された。そして翌年３月10日、憲法裁判所の弾劾審判で弾劾訴追案が認められた。

8人の裁判官、全員一致の判決だった。朴槿恵大統領は大統領職を罷免《ひめん》され、韓国憲政史上初めて在任中に弾劾で退く大統領となり、3月31日にソウル拘置所に収監された（斗山《ドゥサン》世界大百科事典「ロウソク集会」 https://terms.naver.com/entry.nhn?docId=1224858&cid=40942&categoryId=31615）。

この朴大統領を退陣に追い込んだロウソク集会に「中国の情報機関が中国人留学生を密かに参加させていた」という指摘がある。東亜日報「民主党のサード配備反対は自家撞着《どうちゃく》」という記事（2017年1月25日）によると、

「韓国に6万人を超える中国人留学生が滞在している。中国はこの留学生たちを朴槿恵大統領弾劾のためのロウソクデモにこっそり参加させた」
「中国の情報機関が朴大統領を追い出す工作をしたというのは情報の世界では真実だ」
「中国の情報機関が韓国政治を動かそうとし、これに民主党の一部議員が引っかかった」

現在、この記事から引用した文章は削除されているが、他のメディアがこぞって引用したので、掲載されていたのは間違いない。削除は何らかの圧力によるものとみられる。

6・韓国に留学する真の目的

日本で学ぶ外国人留学生は語学研修も含めて31万2214人。このうち中国人は12万4436人で全体の39・8％だ（2019年5月1日現在　日本学生支援機構の調べ）。韓国では、中国人留学生数は7万1067人。日本のほうが中国人留学生の総数は多いのだが、人口（19年）は日本が約1億2618万人（総務省統計局）、韓国が約5171万人（韓国統計局）。韓国は日本の約41％で、この比率から韓国が日本と同じ人口だったとすると、じつに17万3334人もの中国人留学生がいることになる。

ところで、失礼を承知に、こういう疑問が浮かんでこないだろうか。「これだけたくさんの中国人留学生たちは日本や米国ならともかく、韓国でいったい何を学ぶのだろうか？目的は勉強なのだろうか？」と。

この疑問に対する回答のような事件があった。NewDaily が2014年10月6日に「『朴槿恵は南朝鮮のボス』中国人留学生を追放」(http://www.newdaily.co.kr/site/data/html/2014/10/06/2014100600025.html) と題して報じた。

14年10月6日、韓国法務部はツイッターやフェイスブック、ブログなどを通じて北朝鮮を称賛し、韓国政府を露骨に非難した中国人留学生Sを8月に強制追放し、入国禁止措置を取ったと発表。Sは韓国に対し「南朝鮮傀儡《かいらい》」と北朝鮮が韓国を誹謗《ひぼう》する際に使う表現を使い、露骨な親北朝鮮活動をしていた。韓国政府が国内に居住する外国人を利敵容疑で強制追放したのは、これが初めてのことだ。

Sは中国広東省出身。中国で大学卒業後、12年12月に語学研修生のビザで韓国に入国した。その後、ソウル広津《クアンジン》区のある考試院《コシウオン》（安価な簡易宿泊施設）で暮らしながら、ソウルのある4年制私立大学の語学学校で韓国語を学んだ。

Sは語学研修を目的に入国したが、韓国内での活動は語学研修とは程遠いものだった。入国後、左派団体が主導する反政府デモの現場に姿を見せ、さらにツイッターやフェイスブック、ブログなどを使い、韓国を非難し、北朝鮮を称賛するコメントを300件以上アップしていた。それらは、北朝鮮の労働新聞を思わせるほど利敵性が明確だった。

Sは13年2月25日、朴槿恵大統領の就任式に出て、その様子の写真を撮ってフェイスブックに「朴槿恵大統領を殺すことができなくて残念だ」という内容の文を記した。

8月には、インターネットに「今度の土曜日。ソウル駅でのロウソク集会のテーマ：不正選挙・殺人政権の朴槿恵退陣」と、左派団体のロウソク集会の広報物をアップし、反政府デモへの参加を促《うなが》した。

Sは北朝鮮の表現を使って韓国と韓国政府を露骨に非難したのとは対照的に、北朝鮮体制に対しては愛情を見せた。特に金正日《キムジョンイル》、金正恩《キムジョンウン》を「偉大な指導者」と表現し、金正恩の現地指導を「感動的」と表現した。

Sは14年8月、正式に韓国の大学に入学するため語学研修生のビザを「一般留学生ビザ」に変更するよう法務部に申請したが、事前に情報提供を得てSの行動を追跡していた法務部に検挙された。

法務部の調査で、彼が居住する考試院から反政府スローガンが書かれたビラや横断幕数百枚が見つかった。同一の集会のビラも50枚ほどあった。その中には「李石基《イソッキ》議員と拘束者の無罪釈放」のように統合進歩党（「親北」などの理由で朴槿恵政権によって強制解散）の李石基議員を支持するものもあった。

Sは取り調べで黙秘権を行使し、国内の左派団体に検挙されたことを知らせる考えを示した。法務部はSを検察に送り、国家保安法違反の容疑で起訴する案を検討したが、出入国管理法を適用して強制追放することに方向を変えた。法務部は「証拠を総合すると、S

を単なる集会参加者と見ることは難しかった」と説明した。

しかし、これに対しては反論もあった。明白な利敵活動の事実が明らかになったにもかかわらず、外国人という理由で起訴しないという結論を下したのは性急ではなかったか、という指摘だ。一部では法治を守るべき法務部が、自らの義務に背《そむ》いたという批判も出た。

さて、Sが韓国に来た目的は何だったのだろうか？ 勉強ではなく、韓国で「一旗揚げる」ことだったのではないだろうか。言い換えれば、「中国共産党の意向に沿って活躍し、党に認められたい」。韓国で中国大使館関係者や同じ目的を持つ仲間と繋がり、自分の将来を開きたい……。

この摘発は朴槿惠政権の時のことだ。文在寅政権では、どうなっているのだろう？ 完全に野放し状態なのだろうか？

第7章

邢海明駐韓中国大使は「現代の袁世凱」か？

1・信任状捧呈式前の異例の会見

2020年2月7日、冨田浩司《とみたこうじ》駐韓日本大使と共に青瓦台《チョンワデ》での信任状捧呈式に出席した。この信任状は、派遣国の国家元首が新しい大使に授与した信任状を駐在国の首脳に渡し、派遣国の元首に代わってすべての権限と責任を持つ人物であることを保証するもので、新任大使はこの式を終えてから駐在国で活動を始めるしきたりだ。しかし、その3日前の2月4日、邢海明は、まだ式を終えていないのに中国大使館で異例の記者会見を開いた。しきたりを重視する韓国では、この行動は傲慢《ごうまん》で無礼なふるまいだとして批判された。

同じく式を控えていた冨田浩司大使は、邢大使より2カ月も早く韓国に来て、じっと待っていた。メディアのインタビューなども「式をまだ終えていない」として一切受けなかった。冨田大使の節度ある行動は、駐在国に対する礼儀を守っていると評価された（中央日報2020年2月5日「『韓国は運命共同体』という中国大使の訴えが空虚な訳」https://news.joins.com/article/23698755）。

さて、邢海明駐韓大使は記者会見で、韓国政府が2日に発表した「2月4日午前零時から、14日以内に湖北省を訪問または湖北省に滞在したことがあるすべての外国人の入国を禁ずる」とした措置に対して不満を表明した。

「(入国制限措置について)あまり評価しない。旅行と交易を不必要に中断する理由はないとする世界保健機関(WHO)の勧告に従えばいいではないか」

この「評価しない」という表現は、外交言語では「不快だ」という意味だ。また、WHOのテドロス・アダノム事務局長は中国と「親密な関係」にあるエチオピア出身で、実際にあからさまに中国側に立った発言を続けているため、WHOは中国の言いなりだと批判されていた。

邢大使はさらに「中国と韓国は運命共同体」と「運命共同体」という言葉を2度使って強調した。

「中韓両国は友好的な隣国で、とても多くの国民が相手国で勉強し、生活する名実共に運命共同体だ」

そして「互いに理解し、易地思之《ヨクチサジ》(相手の立場を考えること)の姿勢が必要だ」とも語ったが、韓国メディアからは「ならばサード配備をめぐって中国が韓国に行った仕打ちは何だったのか?」という不満が一斉に上がった(朝鮮日報2020年2月5日「中国大使『中韓は運命共同体、旅行制限しないWHOに従うべき』」http://news.chosun.com/site/data/html_dir/2020/02/05/2020020500192.html)。

2・「韓国の願いを尊重して韓国政府に大きな支援をしたのだ」

2020年1月23日、中国当局は新型コロナウイルスの感染拡大を防ぐために、発生源であり大量の感染者を出していた武漢市(湖北省)を封鎖。各国は急遽《きゅうきょ》武漢から自国民をチャーター便で撤収させた。日本は米国と共に最も早く1月28日に最初のチャーター便を送り、29日に206人を、韓国は少し遅れて31日に368人を連れ帰った。

邢大使はこの件について、こう言い放った。

「もし中国政府の大きな助けがなかったら、韓国の国民はあれほど早く帰国できただろうか。中国政府はしなければならないことがとても多かったのに、韓国の願いを尊重して韓国政府に大きな支援をしたのだ」

これに対しても、「中国政府が情報統制し、初期防疫に失敗したため、武漢に居住していた韓国国民が被害を受けたのに、それを謝罪するどころか、撤収を助けたと恩着せがましく言うなんて話にならない」と反発する声が出た（週刊朝鮮２０２０年2月17日「文大統領、習近平訪韓になぜ縛られるのか」http://m.weekly.chosun.com/client/news/viw.asp?ctcd=C03&nNewsNumb=002595100012）。

しかし、肝心の青瓦台は、「（邢大使の発言は）韓中間で緊密に協力して解決しようという趣旨であり、全体的な脈絡《みゃくらく》で理解してほしい。中国は最大交易国でもあり、緊密に疎通・協力してこの問題を解決しなければならない」と全面的な理解を示した。

この頃、青瓦台の「国民請願」には中国人の入国禁止を求め、次のように訴える要請が上がっていた。

《中国発のコロナウイルスが拡散しています。北朝鮮でさえ中国人の入国を禁止しています。春節期間中（1月24日から1月30日までの7連休）だけでも一時的に入国禁止とすることを要請します。すでに我が国に上陸した後では遅くないですか!?　先制的な措置が必要です》

この請願は20年1月23日に始まり、2月22日に締め切られ、76万１８３３人の同意を得た。

文在寅《ムンジェイン》政権は中国で感染者が大量に発生していたこの時期に、なぜ中国全土からの外国人の入国を禁止しなかったのか？

「習主席の訪韓にこだわったから」というのが韓国メディアのほぼ一致した見方だった。文政権としては、4月初めに予定されていた日本訪問の途中に立ち寄る形式より、韓国だけに単独で訪問することを望んでいた。また4月15日の第21代国会議員総選挙前に習主席が訪韓すれば、選挙で与党に有利に働くとみていた。習主席が「限韓令」の完全な解除や中国人団体観光の解禁など〝お土産〟を持ってきてくれることや、韓国民が個人で北朝鮮を旅行する「個別観光」の推進を支持してくれることなども期待していた。

だが、結局20年春に予定されていた習近平主席の日本と韓国への訪問は、日韓はもとより、世界的に新型コロナの感染拡大が収まらず実現しなかった。

3・よみがえる監国大臣、袁世凱の記憶

邢海明駐韓大使は1964年11月に天津で生まれた。北朝鮮の沙里院《サリウオン》農業大学を卒業し、86年に中国外交部に配属された。88年から3年間、平壌《ピョンヤン》で勤務し、92年8月に両国の国交

が樹立されると、すぐにソウルに赴任。95年まで勤務し、2003年から3年間は参事官として、08年から3年間は公使級参事官としてソウルの在韓中国大使館に勤務した。

その後、大使として最初の勤務地、モンゴルに赴《おもむ》き、そして20年、駐韓大使として4度目のソウル勤務となった。34年間の外交官生活で、本部勤務5年と駐モンゴル大使勤務4年を除き、じつに25年間、朝鮮半島で活動してきた。北の言葉も南の言葉も流暢《りゅうちょう》に駆使するエキスパートだ。大柄で、態度も堂々としている。

04年、参事官として赴任していた時にこんなことが起きた。

5月20日に台北で行われた陳水扁《ちんすいへん》総統（当時）の就任式に、韓国の与野党の国会議員数人が出席の意思を表明した。邢はこれを知るや、その議員らに直接電話をかけ「出席するな」と言ったという。

この行為はメディアで報じられ物議を醸《かも》した。親しい記者に「いったい何が間違っているのか」と尋ねたところ、「あなたが国会議員に電話をかけてそのように話せば内政干渉になる」と指摘されたが、こう返した。

「いや、普段からよく知っている議員に、親しい間柄のやり方で連絡しただけなんだが……」

邢はこの時40歳。ほとんどの国会議員は彼より年長で、邢は韓国語で「兄貴」と呼びかけ、愛想よくふるまっていたという（アジア経済2020年1月16日「韓国語で『兄貴！』と呼びかける真の親韓中国大使が来る」https://www.ajunews.com/view/20200116102523324）。

こんな邢海明駐韓大使を、袁世凱《えんせいがい》の再来とする見方が出ている。袁世凱（1859〜1916）は、清《しん》国末期中華民国初期の軍人・政治家で、初代中華民国大総統。1885年から94年まで清の監国大臣（併合時代の朝鮮総督のような存在）として朝鮮で権勢をふるったが、横暴で朝鮮国王・高宗《ゴジョン》を意のままに動かしたことで有名だ。1882年、壬午《じんご》軍乱を機に漢城に入り、軍乱を鎮圧、日本の勢力も牽制《けんせい》した。84年に起きた金玉均《キムオッキュン》ら開化派によるクーデター（甲申《こうしん》政変）の際も、直ちに昌徳宮《チャンドックン》を包囲して金玉均らを追い出し、日本の軍人を昌徳宮から撤退させ、高宗の身柄を確保、高宗に臨時政権を樹立させた。

袁世凱について『週刊朝鮮』がこう書いている（2020年2月17日「文大統領、習近平訪韓に、なぜ縛られるのか」http://weekly.chosun.com/client/news/viw.asp?nNewsNumb=002510012&ctcd=C03）。

《彼（袁世凱）は傍若無人《ぼうじゃくぶじん》な上、非道な行動まで見せた。宮中に入るとき、他国の外交官たちは宮殿の門の外で輿《こし》を降りて歩いて入ったが、彼は輿に乗ったまま入った。彼は高宗に謁見《えっけん》する時も、他の外交官と違い、起立せずに席に座っていた。

高宗に「朝清両国は存亡を共にするが、朝鮮がロシアの侵略を受ければ、清は全力を挙げて救護する」と上疏《じょうそ》した。朝鮮が自主的に近代化する機会すら持てず、外勢に隷属《れいぞく》する道を歩ませられることになった張本人が袁世凱だった。

袁世凱は、日帝強占期（併合時代）の初代総督、伊藤博文《ひろぶみ》よりも悪辣《あくらつ》でひどいことをしたというのが歴史の評価だ。笑みを浮かべた邢大使は「第二の袁世凱」になると決心したようだ》

韓国人は「朝鮮の自主的な近代化を阻《はば》んだのは日本だ」と考えていると思っていたのだが、これを見ると袁世凱のほうがもっと悪辣だったようだ。

4・ハリス駐韓米大使が朝鮮総督だと？

邢海明駐韓中国大使に対しては何も言えない青瓦台と与党だが、ハリー・ハリス駐韓米大使に対しては言いたい放題、やりたい放題だった。

2020年1月16日、文政権が韓国民が個人で北朝鮮を旅行する「個別観光」を推進させようとしたとき、ハリス大使が「制裁を招く怖《おそ》れがある。誤解を避けるため、韓米で事前に協議すべき」と提言した。

これに対し青瓦台関係者は「不適切な発言」とし、ある与党議員は「ハリス大使は朝鮮総督なのか」と反発した。

じつは、この議員の「朝鮮総督」発言のおよそ1カ月前、北の対南宣伝メディア「我が民族同士」が「南朝鮮駐在米国大使というのは南朝鮮を隷属の罠《わな》に縛りつけ、政治、経済、軍事、文化などすべての面で米国の利益に沿うよう徹底的に服従させ、監視し統制する事実上の現地《総督》である」と主張していた（我が民族同士2019年12月13日「憤怒《ふんぬ》を呼ぶ現地《総督》の強盗的行為」）。

この与党議員はこれに呼応したか、事前に北と示し合わせてハリス大使に対し、「朝鮮総督」という言葉を使ったとみられる。

ハリー・ハリス大使は1956年8月、米海軍士官の父と、米軍基地で通訳兼秘書として働いていた日本人の母との間に横須賀で生まれた。海軍士官学校を卒業後、太平洋軍司令官などを務め、18年7月に駐韓大使に就任した。米政府が日系人のハリスを駐韓大使としたことに、韓国人の多くが「民族の誇りを傷つけられた」と特有の歪《ゆが》んだ反応を見せ、反感はひげにまで及んだ。

「併合時代、日本人の朝鮮総督は全員ひげをはやしていた。ハリス氏も海軍時代にはなかったひげをはやして韓国に赴任してきた。あのひげが不快だ」

これに対しハリス大使は20年1月16日、ソウルで外国記者団と会見し、こう言った。

「口ひげは海軍を退役して生やし始めた。日本とは関係ない。日韓に歴史的な対立が存在するのは理解している。が、私がたまたま日系人だからとそうした歴史を私に重ね合わせるのは間違いだ。ひげをそる気はない」

CNNは、「米国市民のハリス大使を日本血統と関連づけて批判するのは、米国なら人種差別と見なされることだ」と指摘し、「韓国は人種的多様性のない同質社会」で「混血家庭は珍しく、外国人嫌悪《けんお》は驚くほど強い」と報じた（2020年1月17日「Racism, history and politics: Why South Koreans are flipping out over a US ambassador's mustache」https://edition.cnn.com/2020/01/17/asia/harry-harris-mustache-intl-hnk/index.html）。

時間を戻し、19年10月18日午後3時前、韓国大学生進歩連合所属の大学生16人が米国大使官邸に乱入し、座り込みデモを行った。在韓米軍防衛費負担金交渉をめぐって米国とハリス大使を批判。「米軍支援金の5倍増額要求に反対」「ハリスはこの地を去れ」と書かれたプラカードを掲げ、「防衛費分担金の引き上げに反対する」と叫んだ。

文大統領が青瓦台に駐韓外交使節団を招待して行った会合にハリス大使が出ていた隙《すき》を狙って、学生たちはこの乱入事件を起こした。彼らは米国大使公邸の塀をはしごを使って越えて公邸の庭に入ったのだが、なんと警察は手をこまねいて彼らが塀を超えるのを見ていた。「女子学生が多く男性警察官はさわれないから、女性警察官が来るのを待っていた」のだと。

同年12月13日には親北反米団体のメンバーが、ソウルKT光化門ビル前（ソウル鍾路《チョンノ》区徳寿宮《トクスグン》の隣にある米国大使館にごく近い場所）で「ハリス斬首コンテスト」という無礼かつ悪趣味なイベントを行い、ハリス大使の顔写真がついたボールを蹴るなどのパフォーマンスをして、「在韓米軍駐留費用の引き上げは納得できない」「植民地総督のようにふるまうハリス大使は米国に帰れ」と主張した。

5・香港国家安全維持法に反対した西側27カ国に韓国は加わらず

中国では2020年5月22日に開幕した全人代（全国人民代表大会）で、香港立法府の頭越しに「香港国家安全維持法」の制定に関する審議が始まった。外国勢力による香港の内政介入、国家分裂、政権転覆をたくらむ行為、テロなどを禁止し、処罰する。そして、それを執行する機関を香港内に設立する——これが草案の内容だ。「一国二制度」により、本土では制限されている自由が保障された香港に対し、本土と同様に自由に制限をかけて、反政府抗議活動を抑えるのが目的だ。これに香港の市民が反発して立ち上がり、連日、抗議行動が繰り広げられた。

そのさなかの24日、邢海明駐韓大使は中国国営CCTVのインタビューを受け、こう答えている（聯合ニュース2020年5月26日「中国大使館『韓国政府と香港保安法〈国家安全維持法〉を論議』事実上の支持要請」https://www.yna.co.kr/view/AKR20200526151900504）。

「中韓は友好的な隣国として、重要な問題において、互いの立場を尊重してきた。香港の問題も例外ではない」

「中国側は韓国側に、香港の国家安全維持法に関する背景を積極的に説明する。韓国側の理解と支持が得られると信じている」

同月28日、全人代は国家安全維持法を香港に導入することを決めて閉幕。6月30日、全人代常務委員会は「香港国家安全維持法案」を全会一致で可決。7月1日、同法が施行された。

6月30日、ジュネーブで開かれた国連人権理事会で、欧州諸国をはじめ、カナダ、日本、オーストラリア、ニュージーランドなど27カ国を代表して英国大使が「我々は中国と香港の政府が同法の施行を再考することを求める」と訴えた。しかし、ここに韓国は加わらなかった。外交部の当局者は「韓国政府は諸般の状況を考慮し、共同発言には参加しなかった」「香港に関するこれまでの立場などを総合的に考慮した」と説明した（ソウル経済新聞2020年7月1日「人権に沈黙する韓国…英国など27カ国が香港の国安法の廃止を求めるも参加せず」https://www.sedaily.com/NewsView/1Z54V6NIEO）。

6・「知恵があると信じている」と言われても……

中国による香港への圧迫は続く。中国は2020年11月、全人代常務委員会会議で、香港立法会（議会）の新たな議員資格の基準を定めた。立法会の議員資格として中国や香港政府への忠誠心を求める、と。これにより同月10日、民主派議員4人の議員資格が剝奪《はくだつ》された。

米国、英国、カナダ、オーストラリア、ニュージーランドの5カ国外相は18日、共同で強い懸念を表明。香港に高度の自治を約束した1984年の英中共同宣言に「明らかに違反している」と強調し、中国に対して基準を見直して議員復帰させるよう求めた。

中国は直《ただ》ちに反発。19日、趙立堅《ちょうりつけん》外交部報道官は「中国の内政である香港のことで批判し、口を出すことに強烈な不満と断固とした反対を表明する」とし、さらに5カ国が機密情報を共有する枠組み「ファイブ・アイズ」を構成していることに言及。「大胆にも中国の主権、安全、発展利益を損なうなら、目を突かれて失明しないよう注意しろ」と放言した。「戦狼《せんろう》外交」の切り込み隊長らしい言い草だった。

年が明けて2021年1月28日、就任1周年を迎えた邢海明駐韓中国大使が韓国メディアのインタビューに応じ、こう語った。

「強大な米国が相手を無視し、あらゆる力を使って殴りつけたり、我々の核心である台湾、香港、新疆《しんきょう》ウイグル自治区の問題に干渉してはならない。米国が中国を殴ったり、圧迫したなら、我々は反応するしかない」

1月20日に就任式を終えたバイデン政府を牽制しつつ、「中米両国は世界最大の先進国。両国関係は協力と対話を通じて良い方向に向かわなければならない」とし、韓国に対しては「『多者主義』で行こう」と呼びかけた（朝鮮日報2021年1月28日「邢海明『米が中を攻撃するなら、反応するしかない。多者主義で行こう』」https://www.chosun.com/politics/diplomacy-defense/2021/01/28/HDE5N2FFPFEYRK3VKGVGR5OXVE/）。

「多者主義の要旨は国際的な事案を皆で相談して処理すること。腕が太いやつ、拳《こぶし》が強いやつ、つまり強いやつが勝手に決めてはならない。多者主義と言いながら、実際には一方主義を行う、というのもいけない」

一体どの口が言うのか。

2月5日、米韓の外相が「日米韓トライアングル協力体制」構築の必要性について話し合ったとの話を聞きつけると、「特定の小集団を作って誰かを排斥するのは公平ではない」と抗議。「（米日豪印の）クアッド」についても「人類共同体が皆で協力しなければならない時に、（一部国家が）特定グループを作って相手国を圧迫することには同意できない」と、断固認められないとした。

韓国側の「(韓国は)米中の間で厳しい選択を迫られている」という訴えに対しては、「『中韓の戦略的協力同伴者関係』と『韓米同盟』は矛盾しない。韓国には、中韓関係と韓米関係を『長期的観点から』適切に処理できる知恵があると信じている」と答えた(韓国日報2021年2月9日「邢海明大使『中国狙う国家間の集団化は止揚すべき』米主導の『クアッド』に断固反対」https://www.hankookilbo.com/News/Read/A2021020808550004002)。

信頼されているのか圧迫されているのか。韓国としては苦悩が深まるしかない発言だった。

第8章
渦巻く愛憎、朝鮮族と脱北者

1・血を流して守った「祖国」

《1945年8月、終戦を迎えると、ソ連と中共によって中国と朝鮮半島の境界は鴨緑《おうりょく》江《こう》と豆満江《とまんこう》に確定した。日本の統治からの解放後、満州からは多くの人々が朝鮮半島に戻った。終戦の直前にこの地で暮らしていた約230万人のうち、1946年末までに70万人余りが南朝鮮（韓国）に引き揚げたと推定される。戦後最初の1年で、朝鮮半島の南北に2つの異なった政体ができ、固定化していった。南北ともに引揚げ者を迎え入れる余裕は見られず、むしろ引揚げ者への虐待が横行していた。

朝鮮へ帰っても、東北地区に止まっても悲惨な情況に置かれていた朝鮮人を受け入れたのが中国共産党である。中国共産党は、当時国民党との対立、ないし内戦で非常に弱い立場に置かれていて、東北地区居住朝鮮人の支持を必要としていた。中国共産党が迷っている朝鮮人に東北地区での定住を勧めたことが残留の背景となった》（李海燕『戦後の「満州」と朝鮮人社会――越境・周縁《しゅうえん》・アイデンティティ』172頁）

1950年6月25日、朝鮮戦争（〜53年7月27日）が勃発《ぼっぱつ》。北朝鮮の人民軍は一気に南進し、6月28日にソウルが陥落《かんらく》、8月には韓国の領土の大部分を占領した。しかし9月15日、米軍の仁川《インチョン》上陸作戦で戦局は一転、米軍は27日にソウルを奪還。韓国軍と共に撤退する人民軍を追撃し、9月30日には38度線を越えて北朝鮮領に入った。人民軍は後退する一方であった。

10月19日、中国が参戦。26万人の大軍が鴨緑江を渡り、38度線に向けて戦線を押し戻していく。延辺《えんぺん》の朝鮮族の若者たちも「祖国（北朝鮮）を守りたい」と立ち上がった。

朝鮮族は朝鮮戦争で「祖国」のために大いに貢献した。だが、戦局が落ち着いてくると中国共産党はその「祖国」認識を警戒するようになる。

《これを放任すれば、その延長には朝鮮族のアイデンティティが北朝鮮に傾くこともありうるとし、中共延辺地委は朝鮮族への思想教育を通して、朝鮮族を新中国への「愛国主義」へ導くことにした》

《「朝鮮族大衆には自分の祖国中華人民共和国を愛する教育を強化」し、「各地および各階層人民に愛国教育を普及することは民族地区において、推進すべき最重要課題である」と位置づけた。それ以降、「祖国」は朝鮮であるという表現は公の場では見られなくなった》（李海燕、同書208頁）

朝鮮戦争が停戦となった後も、中国大陸では動乱が続き、文化大革命（1966〜76）が終わる頃まで、朝鮮族はその「アイデンティティ」ゆえに苦しめられ続ける。

《50〜70年代まで、多くの朝鮮族のインテリは右派、朝鮮特務、朝鮮スパイと目《もく》されて苦しめられ、その深い傷は後の世代に中国で暮らすには絶対に政治に関心を持ってはならないという、保身的で冷笑的な人生哲学を伝えた。悲しいことに在中朝鮮人の共産化を率いた革命家、政治家、知識人の大半が反右派闘争、文化大革命期間に打倒の対象となり、言葉では言い表せない苦難を経験した》（未来韓国2020年3月13日「[論壇] 朝鮮族にとって韓国はどんな国か?」https://www.futurekorea.co.kr/news/articleView.html?idxno=130173）

冷戦の時代。反共を国是とした韓国と社会主義国の中国には国交がなく、中国に住む朝鮮族は長い間、同じ民族でありながら韓国との関係が遮断《しやだん》された状態に置かれた。朝鮮族が戦後初めて韓国へ里帰りができたのは1978年12月のことだ。中国紅十字会《こうじゆうじかい》と大韓赤十字社という「民間機構」を窓口として行われた「民間交流」だった（現代韓国朝鮮研究第13号、林聖愛「冷戦変容期における中韓関係改善の模索」）。

中国と北朝鮮の間にも離散家族が多い。こちらは90年以前まで、朝鮮族と北朝鮮の住民の間で行き来がよくあったという。そして今では想像もつかないが、80年代半ば頃までは、北朝鮮のほうが中国より裕福に暮らしていたらしい。

『月刊朝鮮』で、記者が天津で会った女性（27、延辺朝鮮族自治州龍井《りゆうせい》出身）が「私が6、7歳の頃までは、北朝鮮のほうが中国より豊かだった」と語っている。子供の頃、北朝鮮で作った「勇敢なタヌキ」などの童話を見ながら育った。「当時、中国では童話を作れなかった」。

さらに北京で会った朝鮮族の女性（36、長白《ちようはく》朝鮮族自治県出身）も「中国が北朝鮮より豊かに暮らすようになったのは1986年からだったと記憶している」とし、こう話す。

「私が小学生の頃は、北朝鮮から仕入れた服や靴を着ていた。中学校に入学した1986年、うちの村で生産隊（集団農場）が廃止され、農民たちに土地を分け与えた。自宅を持ったのも、北朝鮮から服や靴を持ち込むのをやめたのも、その年からだった」(2009年7月号「[記者手帳] 北朝鮮が中国より豊かだった時代」http://monthly.chosun.com/client/news/viw.asp?ctcd=H&nNewsNumb=200907100062)

河を隔《へだ》てただけで接し、言語や文化も、韓国人よりずっと近い。いわく言い難い悩みや葛藤《かっとう》を抱えながらも、深い絆《きずな》で結ばれる朝鮮族と北朝鮮の住民。仲良くやっていけそうに思うのだが、近いがゆえの難しさもあるようだ。

2・豊かな韓国で幼い子と餓死した脱北女性

2019年7月31日、脱北して韓国で暮らしていた女性が、ソウルで幼い息子とともに餓死するという痛ましく、衝撃的な事件があった(週刊朝鮮2019年8月27日「[事件、その後]『母子餓死』事態にみる脱北者福祉の現在」http://weekly.chosun.com/client/news/viw.asp?ctcd=C02&nNewsNumb=002572100005)。

ソウル市奉天洞《ボンチヨンドン》の賃貸アパートでひとりの息子(6)と共に亡くなったのは、ハン・ソンオク(42)。発見当時、冷蔵庫は空っぽで、室内に食べ物はトウガラシ以外まったくなく、遺体の状態から2カ月ほど前の5月に亡くなったと推定された。

脱北者の多くは中国へ行く。脱北しても誰の保護も受けられない逃亡者の身分であるため、女性は売買婚や拉致《らち》、人身売買、性犯罪の被害にあうケースが多い。そのため周辺の地理や中国語に慣れるまでは、売買婚であっても中国人の家に隠れていることが得策なのだ。幸運な人は、中国人の夫と良好な関係で暮らすこともできる。しかし夫によっては、また別の中国人に売られたり、公安に摘発され北朝鮮に送還されることもある。中国のある地域では、脱北女性が妊娠すると公安が強制的に連れだし、中絶させたりもする。

ハンも北朝鮮を脱出した後、中国で朝鮮族の男性と結婚した。息子を産んで暮らしていたが、09年、タイを経て韓国に入国した。

ハンを韓国に連れてきたのは、脱北難民人権連合のK代表（66）。彼も北朝鮮咸鏡南道《ハムギョンナムド》咸興《ハムン》の鉄道局で働いていた1988年に脱北、02年に韓国籍を取得。05年から脱北者を韓国に連れてくる活動をしてきた。

韓国に来たハンは、まずハナ院（北韓離脱住民定着支援事務所）で韓国生活に適応するための教育を受けた。当時、韓国人男性と交際していたとの証言もある。

しかし、ハンは中国に残してきた息子を忘れることができず、夫と息子を韓国に呼び寄せることにした。K代表は思いとどまるように助言した。

「中国人男性との結婚生活はうまくいかないケースが多すぎるので止めた。だが、ハンさんは幼い息子が忘れられなかった」

ハンは2人を呼んだ。韓国に来た夫は、慶尚南道統営《キョンサンナムドトンヨン》の造船所に就職。やがて2人目の子供を授かった。ところが夫が「他の男の子ではないか」と疑い、妊娠中のハンさんを常習的に殴打するようになった。何とか次男を産んだが、病気を持って生まれてきた。俗に言うてんかんだった。

そんな折、造船業界に不況が訪れ、夫は解雇された。韓国に帰化しようとしたが審査で落ちてしまった。外国人が韓国国籍を取得するためには筆記試験と面接審査を通らなければならない。夫は韓国人となっていたハンと結婚していたため筆記試験は免除されたが、面接で落ちた。「どうにもならない、中国に戻る」と夫が言い出し、一家はいったん中国に戻ることにした。

2度目の中国生活がどんなものだったかは不明だが、楽ではなかったようだ。18年9月、ハンは夫と離婚し、病気の次男だけを連れて、再び韓国に入った。

次男はひと時もじっとしていられず、大声を出し、痙攣《けいれん》や発作もひどかった。子供を預ける所がなく、ハンは働き口を見つけることができなかった。児童手当10万ウォンと養育手当て10万ウォンの計20万ウォン（約2万円）で母子は生きなければならなかった。韓国の物価は日本とほぼ同レベルであることを考えると、とても無理な話だ。

韓国でハンが頼れる人は、自分を中国から韓国に連れ出してくれたK代表だけだった。2018年末、K代表は生活苦に陥《おちい》ったハンの状況を冠岳《クアナク》区役所の福祉担当者に電話で伝え、相談した。しかし担当者との相談はうまく行かず、逆に怒声が飛び交《か》い、冠岳区役所の職員はK代表に「私を脅迫するのか、通話内容を録音する」とまで言い、結局支援は引き出せずに終わった。

K代表はこう話す。

「私が中国で脱北者を救出する仕事をしているので、脱北者は私には力があると思っている。しかし、私が区役所に電話しても、支援してもらえないのを見て絶望したようだ。この時から、ハンさんは韓国社会を諦《あきら》め始めたようだ」

年が明けて19年1月、ハンは住民センターを訪れ、協議離婚の関連書類を提出した。「基礎生活受給（生活保護）を受けるためには、夫と離婚したという証拠が必要だ」との説明を住民センターから受けたからだ。しかし、ハンは具体的な基礎生活受給者の申請方法は教えてもらえなかったという。つまりこの時点で、住民センターとしてはハンに基礎生活受給を与える気はなかった、あるいは乏しかったということになる。

2月、最後の養育手当10万ウォンがハンの通帳に振り込まれた。次男は3月に満6歳。養育手当の支給は子供が満6歳の誕生日を迎える月の前月までだった。3月から養育手当はなくなり、ハンは児童手当の10万ウォンだけで暮らさなければならなくなった。

冠岳区役所によると、4月に福祉担当者がハンの家を一度訪問したが、ドアは閉まったままで開かなかったという。5月、ハンは銀行を訪れ、最後に口座に残った全額3838ウォンを引き出した。

7月31日、ハンが住んでいた賃貸アパートで漏水《ろうすい》事故があり、水道関係者がハン宅を訪れた。ドアは閉め切られていたが、家の中から異臭がしたため通報し、母子は発見された。この年の7月、ソウルでは最高気温が30度を超えた日が15日もあった。

3・人気脱北女性ユーチューバー「朝鮮族の男はひどすぎる！」

脱北者は韓国に来ると、まず、韓国社会に適応できるよう、統一部傘下のハナ院で12週間の基礎教育を受け、その後は居住する自治体により住宅や雇用など、暮らしのサポートを得られる。入国から5年間が保護の対象だ。

政府と警察は、ハン・ソンオクの場合、定住開始が２００９年で、保護期間の5年間が終了していたことも悲劇につながったとした。だが、脱北者の擁護団体などは、ハン母子が亡くなった責任は政府にあると主張。文政権になって「脱北者を不当に扱いだした」という批判の声が強まっていた。

19年6月時点で、韓国に入国した脱北者は計3万３０２２人、そのうち72％の2万３７８６人が女性だ。ハン母子の悲しい結末は、多くの脱北女性の涙を誘った。そんな中、脱北女性タレントがネット番組で朝鮮族を非難し、大きな騒動になった。

母子の死が伝えられておよそ１カ月後、8月27日、インターネット放送「アフリカＴＶ」のＢＪ（ネット放送の進行者）、ハン・ソンイ（１９９３年生まれ。「ハン・ソンイ」とは「一輪〈の花〉」という意味）がこの事件にふれ、朝鮮族への怒りを爆発させた。

彼女は「韓国に入国するには朝鮮族と付き合わなければならない。付き合わないと（公安〈警察〉に）通報する人が多い」と切り出し、こう続けた。

「脱北した女性たちが（朝鮮族の夫や家族に）韓国に行きたいと言うと、最初は駄目だと拒む。でも『韓国で国籍を取得したら、あなたたちも韓国に連れ出してあげる』と言うと、やがて考えを変えて、送り出してくれる」

「脱北者たちは命をかけて韓国に来たのに、朝鮮族＊＊（蔑称）まで責任を負わなければならない」

「苦労して韓国に来たのだから、韓国の男性と結婚して豊かに暮らさなければならない。なぜ朝鮮族たちに（韓国でよい暮らしをする）恩恵を与えなければならないのか」

そして、声を荒らげて朝鮮族を非難した。「『私はあなたちと一緒に暮らさない』と脱北女性が言ったら、脅迫するのが朝鮮族だ」「彼らはひどい」「朝鮮族の男たちはひどすぎる」と。

放送後、当然朝鮮族の大きな反発を呼び、8月29日にはアフリカテレビとユーチューブからこの動画は削除された。ハン・ソンイも「朝鮮族を傷つけて申し訳ない」「興奮してしまった」「誤解の余地のある発言をした」と謝罪した。

ハン・ソンイは両江道恵山市《リヤンガンドヘサン》出身、13年11月に脱北した。14年、韓国の脱北女性たちによる人気トーク番組「いま会いに行きます」で芸能界デビュー。天真爛漫《てんしんらんまん》な性格と軽妙な話術でまたたくまに人気者になり、「人民の妹」というニックネームで親しまれている。

家庭は北朝鮮では豊かなほうだったが、それでも脱北した動機は「韓国ドラマを見て豊かな韓国に憧れたから」。友達に韓国ドラマのマニアがいてたくさんの作品を見せてもらったという。中でも『相続者たち』（SBS13年10月〜12月に放送）に感動したという。「鴨緑江に行き、中国のお姉さんたち（朝鮮族の年上の女性）に連絡したら、船で迎えに来てくれた。川を渡るとき、両親の顔が浮かび、自分の判断は正しいのかと迷った。でも、どうしても韓国に行きたかった」

中国では長白《ちょうはく》教会に連れて行ってもらい10日ほど過ごした後、長白から延吉《えんきつ》、山東、昆明《こんめい》を経て、ラオス、タイと移動し、韓国に入った。13年11月11日に脱北して、29日には韓国入りした。中国に出ても、そこからなかなか韓国へ行けない人が多いことからすると、これはかなり幸運なほうだ（ハン・ソンイTV「涙も鼻水も涸れるハン・ソンイの脱北ストーリー!!」https://www.youtube.com/watch?v=Mmx3oPU7eLM）。

4・「命をかけて脱北を助けてくれたのは朝鮮族の牧師様ではありませんか？」

ハン・ソンイへの朝鮮族側からの反論をひとつ紹介しよう。朴紅梅《パクホンメ》という女性によるものだ。

朴は吉林省《きつりん》望城《ぼうじょう》県出身、中国延辺《えんぺん》大学日本語学部を卒業し、２０００年に国費留学生として来日、広島大学の大学院で学び、09年から韓国で暮らしている。日中韓の言語に堪能で「紅梅先生の韓中日ＴＶ」というネット番組を持つ。その番組でこう話した（「ハン・ソンイ事件　朝鮮族と脱北者、そして朝鮮族である私の話」https://www.youtube.com/watch?v=53MrHCREk_Q&t=257s）。

「ハン・ソンイさんの発言動画は中国の朝鮮族社会でも広がっていて、本当に傷つき、怒っている方がたくさんいます。一部の悪い朝鮮族の悪行をまるで朝鮮族全体、すべての朝鮮族の男性がしでかしたかのように悪く表現し、間違った情報を世の中に伝えました。

どの国でもどの民族でも１００％いい人だけということはありません。犯罪をする人、社会秩序を破壊する人たちは常にいます。しかし、大部分の朝鮮族は、脱北者を少しでも助けたい、支えてあげたいといつも心を配っているのです。

朝鮮族の牧師様が命をかけて脱北を助けてくれています。ハンさんの脱北を助けたのも朝鮮族の牧師様です。その牧師様は亡くなりましたが、ご家族はハンさんの発言でどれほど深く傷ついたことでしょう」

ハン・ソンイの脱北を助けた長白教会のハン・チュンリョル牧師は、彼女の脱北から2年半後に中朝国境付近で亡くなった。享年49。牧師は約20年間、北朝鮮住民の脱北を積極的に援助していた。そのため韓国では「北朝鮮の保衛部によって殺害された可能性が高い」と報じられた（TV朝鮮2016年5月1日「中朝国境で長白教会のハン・チュンリョル牧師が殺害される」http://news.tvchosun.com/site/data/html_dir/2016/05/01/2016050190082.html）。

朴紅梅は中国朝鮮族と北朝鮮の住民の交流について、興味深いことを話している。

「朝鮮族は、この数十年間、北朝鮮の人や脱北者たちと共に困難に打ち勝ってきました。延吉の朝鮮族には北朝鮮に親戚がいる家がとても多かったです。私の家もそうでした。

私は延吉で暮らしていた幼い頃、母が誰それの家に朝鮮から親戚が来たから、何か持っていってあげようと言っているのを本当によく耳にして育ちました。

1992、93年くらいまでは北朝鮮の方々がよく延吉に来ていました。来るたびに町の人たちが服や食べ物を包んで持っていってあげていました。自分で使うなり、売って生活費の足しにするなりしてほしいと。これは、あの時代の朝鮮族の家ではありふれたことでした。

しかし、90年代の半ばくらいから北朝鮮の経済状態がひどくなり、豆満江《とまんこう》を渡ってくる脱北者が増えました」

そして中国の同胞に冷静であるよう呼びかけた。

「（ハン・ソンイ発言に怒って）もう脱北者を助けず、（脱北者を見つけたら公安に）通報してしまおうというような反応はしないでほしいです。裏切られた怒りにまかせて電話1本で通報などしたら、脱北者は命を失うかもしれません。感情的に対応したら、結局、我が民族のつらい歴史をまた繰り返すことになります」

5・一般の韓国人の理解を超えた朝鮮族の怒り

朴紅梅が話したことは事実だろうし、言い分は分かる。しかし同時に、ハン・ソンイの気持ちも理解できる。

中国での脱北者に対する人権侵害の実態に関してはこういう報道があった。北朝鮮民主化運動本部という団体が、統一部の後援で2011年5月から8月まで中国にいる脱北者126人（女性119人、男性5人、不明2人）を対象にアンケート調査をしたところ、「人身売買を経験したことがある」という回答者が全体の半分を上回る64人（51％）。さらに、朝鮮族が介入した人身売買を経験したと答えた回答者は45人だった（東亜日報2011年11月24日「『中国内の脱北女性の約半数が人身売買経験』…大多数で朝鮮族が介入」http://www.donga.com/news/article/all/20111124/42116585/2）。

ハン・ソンイの発言をめぐっては、「国民請願」も出された。「脱北者＊＊＊が朝鮮族に行った侮辱、貶《おとし》め、名誉毀損《きそん》に対し、公開謝罪をお願いします」というもので、請願を出したのは韓国在住の朝鮮族だった。19年8月28日に始まり、9月27日に締め切られ、5万1840人の同意を得た。請願内容は、こう綴《つづ》られていた。

《脱北者出身の＊＊＊さん、すべての番組から降り、朝鮮族に対する侮辱、根拠のない事実による名誉毀損について公開謝罪をお願いします。公人にふさわしい品位や資格がないと判断します。＊＊＊本人が韓国に来る前、中国で個人がされたことですべての朝鮮族に、韓国で熱心に黙々と税金を払いながら働いている朝鮮族に、人間＊＊＊と口にすることもはばかられる下品な言葉を根拠なくアフリカTVで吐いた侮辱に対して、公開謝罪をお願いします》

5万を超える同意は得たものの、政府の担当者から回答を得られる20万には遠く及ばなかった。それをもどかしく感じた別の朝鮮族から9月2日、青瓦台《チョンワデ》の「討論部屋」に、「朝鮮族からの請願は同意者数が20万からではなく、5万から回答を得られるようにしてほしい」という意見が寄せられたりもした。

ハン・ソンイに朝鮮族から彼女を非難するコメントが集中、ハンは悪質なコメントを送りつけてきた約80人を告訴した。

事態がエスカレートすることを心配した、朝鮮族と脱北者のそれぞれの団体の長40人が大林《テリム》駅近くの延辺冷麺という食堂に集まった。朝鮮族の団体は脱北者の団体に再発防止を求め、脱北者団体は本人に代わって謝罪し、ハン・ソンイに告訴を取り下げるよう説得することにした（中国同胞新聞２０１９年9月21日「朝鮮族、ハン・ソンイの侮辱発言で中国同胞団体と脱北者団体が集まった」https://www.dongponews.kr/news/articleView.

html?idxno=34215)。

この騒動は、朝鮮族と脱北者という限定された世界での出来事で、多くの一般の韓国人は「なぜ、朝鮮族がそこまで怒るのか」が理解できず、怪訝《けげん》な目で事態を眺めていた。報道へのネチズンの反応などを見る限り、ハン・ソンイに同情的で、大勢で彼女を叩いた朝鮮族の方がイメージを悪くしたようだった。

それから、青瓦台が「直接民主主義」の実現ツールと誇る「国民請願」だが、「特定人物に対する魔女狩りにつながる」というかねてよりの危惧《きぐ》が現実になったという面もあった(アジア経済2018年8月17日「[青瓦台の請願1年]光と影…直接民主主義か人民裁判か」https://www.asiae.co.kr/article/2018081710510320054)。

最後に、脱北女性の悲劇をもうひとつだけ記しておく。第3章でふれた水原《スウォン》バラバラ殺人事件の犯人、呉原春は、中国にいた90年代半ば、一時だが脱北女性と結婚していたことを、本人が取り調べで供述した。この結婚はわずか40日で終わった。結婚する際、呉原春が戸籍を書き換えたことが発覚し、文書偽造の容疑でしばらく収監されたため、女性は北朝鮮に送還されてしまったという(ソウル新聞2012年4月27日「殺人魔呉原春、事件の2日前にも売春婦と…」http://www.seoul.co.kr/news/newsView.php?id=20120428500005)。

第9章

文在寅、中国の「協力」を得て総選挙で圧勝

1・定番となった韓国歴代大統領の退任後の悲劇

2020年1月14日午前、青瓦台《チョンワデ》迎賓館で行われた新年記者会見で、文在寅《ムンジェイン》大統領は「任期が終わった後、どうなりたいか」という少々意地悪な記者の質問にこう答えた。

「（自分の場合は）大統領から退いた後、ひどい姿をさらすことは多分ないだろう」

「退任した後は、忘れられたい」

だが、左派政権が続くならまだしも、保守に政権を奪われたなら、そう簡単に〝忘れてくれる〟ことはないはずだ。

ここで、韓国の歴代大統領が退任後、どうなったかを簡単に振り返ってみよう。

初代大統領、李承晩《イスンマン》（在任1948年7月～60年4月）は不正選挙に反発した民衆のデモを抑えられなくなって下野《げや》し、ハワイに亡命。李承晩の後を継いだ尹潽善《ユンボソン》（在任60年8月～62年3月）はクーデターで政権を奪われた。クーデターを成功させて軍政を敷き、長期執権して韓国を大きく経済成長させた朴正熙《パクチョンヒ》（在任63年12月～79年10月）は、側近のKCIA部長により暗殺された。74年には陸英修《ユクヨンス》夫人も在日韓国人に銃で撃たれて亡くしている。

朴大統領の死後、首相から大統領となった崔圭夏《チエギユ　ハ》（在任79年12月〜80年8月）は就任とほぼ同時に粛軍《しゆくぐん》クーデターで全斗煥《チヨンドウファン》に実権を握られ、歴代最短の半年で大統領の座を明け渡した。強権をふるった全斗煥（在任80年9月〜88年2月）も退任後、数々の不正の責任を負って山寺に隠遁《いんとん》、その後、後継の盧泰愚《ノテウ》（在任88年2月〜93年2月）と共に、金泳三《キムヨンサム》大統領の時代に粛軍クーデターや光州《こうしゆう》事件の責任を問われ、全斗煥は死刑、盧泰愚は懲役17年の判決を受けた（2人とも後に特赦《とくしや》）。それぞれ不正蓄財の容疑で莫大《ばくだい》な追徴金《ついちようきん》も科せられた。1931年1月生まれの全斗煥は現在90歳。認知症を患《わずら》っているとの説もあるが、今も、光州事件の法廷に立たされている（20年11月30日、光州《クアンジユ》地裁は死者への名誉毀損《きそん》の罪で懲役8カ月、執行猶予2カ月の判決を下した）。

軍政を終わらせた文民大統領、金泳三（在任93年2月〜98年2月）は97年に通貨危機を招き、次男が財閥グループへの不正融資に関与したとして逮捕。金大中《キムデジユン》（在任98年2月〜03年2月）も任期末期に3人の息子がすべて斡旋収賄《あつせんしゆうわい》で逮捕された。盧武鉉《ノムヒヨン》（在任03年2月〜08年2月）は、09年4月に収賄《しゆうわい》容疑で検察の調べが始まると、翌5月に自殺。

李明博《イミヨンバク》（在任08年2月〜13年2月）は20年10月、最高裁で、収賄などでの容疑で懲役17年、多額の罰金と追徴金の刑が確定。78歳にして身ぐるみ剝《は》がされて牢屋にぶち込まれた。朴《パク》槿惠《クネ》（在任13年2月〜17年3月）は17年3月10日、弾劾《だんがい》裁判により罷免《ひめん》。収賄、職権乱用などで逮捕され、現在も収監中。21年1月、最高裁で懲役20年が確定。罰金と追徴金は約215億ウォン、期日までに納付できず、3月に自宅が差し押さえられ、金融資産も徴収された。李明博と朴槿惠は、文在寅（17年5月10日に大統領に就任）政権下で裁かれた。初公判は朴槿惠が17年の、李明博が18年の共に5月23日、盧武鉉の命日だった。

2・「20年政権論」で大統領の悲劇の歴史に終止符を打つ

歴代大統領が辿《たど》ったあまりに過酷な末路を見ると、韓国の政治に大統領制は合っていないのではないかとの根本的な疑問が浮かぶ。とにかく民主主義の基礎になる法治が成り立たないので、どうにもならない。常に、権力者が法を恣意的《しいてき》に運用し、反対陣営の前・元大統領を不当なまでに厳しく断罪する。文在寅とて、自分の退任後に思いを馳《は》せれば、当然強い不安と恐怖を感じているはずだ。

そのへんのことは文政権の執行部も重々承知で、「もうこれ以上、悲劇は繰り返さない」とばかりに、将来に向けて万全の手を考えていた。

2019年4月17日、李海瓚《イヘチャン》民主党代表（1952年生まれ）がソウル汝矣島《ヨイド》の党本部で開かれた院外地域委員長総会で、「来年の21代総選挙では比例を含め260議席獲得を目指す」と発言した。これは李代表が唱えてきた「20年政権論」の延長線上で出たもので、当時の民主党の議席、128議席の2倍を目標とした。

文在寅の次の大統領を決める選挙の前哨戦《ぜんしょうせん》で、「20年政権」実現への第一歩となったのが20年4月15日に実施された国会議員総選挙だった。民主党陣営でこの選挙を指揮したのが楊正哲《ヤンジョンチョル》（1964年生まれ）。彼は文在寅が当選した先の大統領選挙でも選挙参謀として勝利に貢献していた。

19年5月、青瓦台広報企画秘書官だった楊正哲は、党のシンクタンクである民主研究院の長に就任することに決まり、その発表記者会見で「民主研究院は総選挙での勝利に必要なベースキャンプとしての役割を果たす」と語った。

民主研究院長となった楊正哲が最初にしたことは北京に飛び、中国共産党中央党校と政策協約を結ぶことだった。中国共産党中央党校は中国共産党の高級幹部を養成する学校だ。過去、毛沢東、胡錦濤《こきんとう》、習近平ら主席が校長を務め、党の方針を説明してきた。

7月、民主研究院は、韓国のシンクタンクとして初めて中国共産党中央党校と政策協約なるものを結んだ。ここから韓国の保守から「一党独裁」や「人権弾圧」などの手法を学び、韓国に導入するのでは、という懸念が生じた（NewDaily２０１９年7月４日「中国共産党『党校』と政策協約を結ぶという楊正哲」http://www.newdaily.co.kr/site/data/html/2019/07/04/2019070400189.html）。

楊正哲は「選挙は科学だ」として極秘裏にビッグデータシステムを選挙活動に活用した。韓国の政党がビッグデータを使って選挙運動をしたのは初めてのことだ。楊正哲は現行法上、個人情報が特定されないならデータ活用が可能なことから、アイデアを得たという。

ビッグデータシステムは移動通信記録に基づく。移動通信会社が持っている加入者の数年分の動線、消費パターンなどのデータを合法的な範囲内で活用するため、民主研究院は移動通信社と独占契約を結び、選挙用システムを構築した。そして民主党の候補者全員に本人の地方区のビッグデータに基づいた資料を与えた。どの時間帯に、どこに有権者が集まるか分かるようになった候補者たちは効果的に遊説《ゆうぜい》ができた。また、世代別、性別の消費パターンを把握して、有権者のニーズを満たす公約を打ち出すこともできた。

民主党は、ビッグデータの活用で個人情報を侵害するおそれがあるため、徹底したセキュリティを心がけたという。閲覧できる当事者は、候補者と候補者が指定した1人に限定、閲覧対象者にセキュリティ教育を実施し、セキュリティ覚書まで受け取ったという。民主党はこれからもすべての選挙でビッグデータを活用する方針だ（国民日報2020年4月13日「『選挙は科学』楊正哲が導入したビッグデータ、民主党は効果を実感」http://m.kmib.co.kr/view.asp?arcid=0014474014）。

3・圧勝にも「総選挙の結果がとても恐ろしい」

楊正哲が民主研究院長に就任した2019年5月、米国は国防権限法により、安全保障への脅威を理由に華為《ファーウェイ》をブラックリストに載せ、韓国などの同盟国に5G事業から華為を排除するよう圧力をかけはじめた。

その背景には、中国が17年6月から施行した国家情報法があった。同法第7条には「いかなる組織および個人も国の情報活動に協力する義務がある」と規定され、中国のすべての企業や国民に中国共産党の命令にしたがってスパイ活動をすることを義務づけた。華為やZTEなどの中国企業が次世代移動通信システム5Gを世界に張り巡らせると、中国共産党がこのシステムを通じて世界中から膨大な情報を吸い上げることができるようになる。

米国はそれを警戒したのだ。

そんな中、総選挙の準備を進める韓国で20年2月、韓国通信3社の中で唯一、華為の5G装備の導入を決めたLGユープラスが、4月の総選挙の「期日前投票」通信網を受注した。これが競争入札ではなく、単独入札だったことに疑念が生まれ、一部の有権者は「期日前投票では投票しないようにしよう」と国民に呼びかけた。

この総選挙では、過去にない大きな条件が結果に影響を与えた可能性もある。それは他ならぬ新型コロナウイルス感染症の世界的大流行だった。一時は選挙日の延期も検討されたが、感染防止措置に万全を尽くすことで予定通りに行われる運びとなった。

4月15日に実施された第21代国会議員総選挙の結果は、300議席のうち与党の民主党・市民党が180議席を獲得。野党の未来統合党・未来韓国党は103議席に留まり、与党の圧勝に終わった。この他、開かれた民主党が3議席、正義党6議席、無所属1を足すと左派全体で190議席に達した。

与党陣は5分の3(180)を獲得したことで、単独での法案採決が可能になった。これから3分の2(200)まで持って行けば、改憲案の国会での議決も可能になる。

この結果に大喜び……となるはずが、意外にも与党陣営に喜びの興奮はなく、みな冷静で、中には青ざめている者までいた。選挙を仕切った当の楊正哲さえ、翌16日に語った談話には当惑している様子がうかがえた。

《総選挙の結果がとても恐ろしい。当選された方々は、国民に限りなく低い姿勢で文在寅大統領と共に国難克服に献身してもらえると信じている。ここまで来られたのは、李海瓚代表の勇気と知恵のおかげだ。目標のためにがむしゃらに直進したので、党の内外に傷ついた方々もいるだろう。丁重に頭を下げて許しを請《こ》う》

選挙で勝った直後の、選挙を仕切った参謀の、あまりに奇妙な言葉。「とても嬉しい」ではなく、なぜ「とても恐ろしい」と感じたのだろう？

4・統計的にありえない数字

勝ち過ぎの結果に与党陣営で動揺が広がる中、野党や保守の側からは「不正選挙だ！」「楊正哲を出国禁止にして身柄を確保せよ」という声が上がった。

不正選挙の疑いは4月10～11日に行われた期日前投票に集中した。未来韓国の分析記事から「特異点」を見てみよう（2020年5月18日「[専門家診断]4・15総選挙結果の統計的特異点」https://www.futurekorea.co.kr/news/articleView.html?idxno=133610）。

今回の総選では期日前投票率が非常に高く26・7％に達し、期日前投票数と当日投票数の割合はおよそ40：60。前回2016年の選挙では期日前投票率は12・2％だった。

そして、期日前投票では民主党は56・3％、統合党は34・9％と民主党が大差で圧倒。当日投票では民主党は45・6％、統合党が46％で統合党が僅差《きんさ》で勝っていた。そのため当日投票では勝っていても、期日前投票で負ける統合党の議員が続出した。大物議員も例外ではなかった。

たとえば広津《クアンジン》区乙と銅雀《トンジャク》区乙で、統合党のベテラン議員、呉世勲《オセフン》と羅卿瑗《ナギョンウオン》は、当日投票で高い得票率を記録しながら期日前投票で大きく敗れ、民主党の新人、高旼廷《コミンジョン》と李秀真《イスジン》に議席を譲った。同じように敗れた統合党の候補は40人もいる。もし、当日投票の結果だけで当落を決定したなら、民主党123人、統合党124人となり、民主党は負けていた。

統計的に異常だったのは、ソウル、仁川《インチョン》、京畿道《キョンギド》のそれぞれ事情の異なる選挙区で、与党・民主党と野党・統合党候補の期日前投票得票率が、小数点以下を切り捨てると、すべて63％対36％で一致したことである。

この点について、中央選挙管理委員会は「首都圏の有権者の投票傾向が類似しているだけ」と説明したが、専門家は「そうだとしても、この結果が出る確率は極めて低い」と指摘する。全国253選挙区で見ると、ソウル、仁川、京畿道のほか、済州島《チェジュド》や江原道《カンウォンド》など、17選挙区で両党の得票率が63％対36％だった。

ここ20年間、世界で401の選挙を分析し、2019年のボリビア大統領選（不正選挙疑惑からモラレス前大統領が国外亡命）など、世界各地の不正選挙を指摘してきた米ミシガン大のウォルター・ミベイン教授はこう言う（NewDaily 2020年5月18日「韓国の不正選挙の可能性は上位15％…不正選挙の可能性が高い」ミベイン教授の4本目の論文http://www.newdaily.co.kr/site/data/html/2020/05/18/2020051800209.html）。

「この選挙が不正である可能性は、これまで分析してきた他の選挙の中でも高い。不正である可能性が高いほうから15％の辺りに位置する」

では、どのように不正をしたのか？

開票機とそれを動かすPC、中国の華為技術《ファーウエイテクノロジーズ》が作った情報ネットワーク通信機器が不正に操作されたのでは、と疑われている。

郵便投票と期日前投票に使われたＱＲコードにも疑惑が持たれ、イーストアジア・リサーチセンターによれば、開票機を操作するのに必要な指示は「期日前投票のＱＲコードやインターネットを介して、外部からメインサーバーに送ることができた」。

選挙管理委員会は期日前投票に使うワイファイに、ファーウェイの機器を使用するＬＧユープラスの５Ｇを選んでいた。そのため同センターは「投票所のサーバーを中国につなげ、開票機を操作できた」としている（Newsweek ２０２０年６月１日「韓国総選挙にデジタル不正疑惑か？　中国から開票機を操作した可能性」https://www.newsweekjapan.jp/stories/world/2020/06/post-93560.php）。

それから、韓国の選管委は近年、途上国を対象に「韓国の選挙制度を海外に伝播《でんぱ》する」事業を行っている。世界選挙機関協議会（Ａ－ＷＥＢ）という機関を設立し、15年からエルサルバドル、ウズベキスタン、フィジー、ケニア、イラクなどの選挙に関与してきた。18年にはイラク総選挙で不正選挙に関わったことが明らかになり、海外のマスコミからＡ－ＷＥＢ、韓国の選管委、韓国政府の責任を問う声が出た。イラク総選挙では、韓国企業ミルシステムズが提供した電子開票機が不正行為疑惑の核心とされ、一部地域では手作業による再集計が行われた（SkyeDaily ２０１８年８月７日「選管委、途上国の選挙不正に関わる」http://www.skyedaily.com/news/news_spot.html?ID=76259）。これもまた不正選挙の疑惑を深める要素となった。

5・なぜ中国人が開票スタッフに？

ファイナンストゥデイによると、恩平区《ウンピョン》と冠岳区《クアナク》の選管委が、今回の総選挙当日、開票事務所に開票スタッフとして多数の中国人が参加し、投票用紙を集計し、開票機を管理していたことを認めた（2020年5月9日「4・15総選挙、中国人が開票に参加？……衝撃」http://www.fntoday.co.kr/news/articleView.html?idxno=216458）。

恩平区選管委によると、開票スタッフは市・道の選管委が委嘱《いしょく》することになっており、今回の選挙では特定団体から恩平区の選管委に多数の中国人の推薦があった。選管委は開票スタッフを募集する際、公開募集をせず、そのまま特定団体からの推薦を受け、これを選管委が承認した。

恩平区と冠岳区の開票スタッフに中国人を送り込む経路となったのが「義勇消防隊」という民間団体だ。

義勇消防隊は、消防士ではない一般人に消防業務を補助させる機関で、火災などの災害時に召集されて服務するケースがほとんどだが、必要な場合は常勤することもある。彼らは普段から教育や派遣などの業務を行い、少額の報酬を得ている。そして義勇消防隊の一部として「多文化義勇消防隊」なるものが組織されている。この多文化義勇消防隊が、その構成員の属する各地域の選管委に中国人を開票スタッフとして推薦した、ということだった。

韓国の選挙の開票作業に中国人が介入した——この点について、中央選挙管理委員会は5月12日、「ソウル恩平区選管委が中国人開票スタッフ（6人）を委嘱した」と確認した。ソウル恩平区選管委が委嘱した計542人の開票スタッフには義勇消防隊員62人が含まれ、義勇消防隊員のうち1人が永住権者。他の5人は韓国人1人、韓国国籍取得者4人で、いずれも選挙権のある住民登録者だった。選管委は「開票スタッフには公務員や教職員、銀行員、公共機関などの職員または公正で中立的な者に委嘱する。永住権者が開票スタッフとして参加しただけで、不正選挙の証拠にはならない」と説明した（中央選挙管理委員会2020年5月12日「『4・15総選挙疑惑の真相究明と国民主権回復大会』で提示された不正選挙についての委員会の立場」https://m.nec.go.kr/cmm/dozen/view.do?atchFileId=5d0ffae936edc42f

3b4e864801f86a0f52ec267d9a14d694760d2879848b6e6c&fileSn=1)。

つまり、542人の開票スタッフのうち中国国籍者は1人だけで、4人は韓国に帰化した人だったわけだが、ファイナンストゥデイはさらに取材を続けた（2020年5月28日「中国人の開票スタッフ、民主党の朴杜民《パクジュミン》議員の支持者」http://www.fntoday.co.kr/news/articleView.html?idxno=218374）。

中国人と確認された（中央選挙管理委員会の説明とは異なる）という2人の恩平区の開票スタッフの女性は、この選挙区から出た民主党議員の支持者だった。中立と見ることはできない。民主党は「多文化家庭出身者、特に中国系女性（多くは朝鮮族）を対象に韓国の選挙を広報するだけでなく、積極的に政治的な影響を与えて選挙専門家または民主党の広報要員として育成した」疑いがある。ソウル市選管委が「中国から移住してきた女性だけを対象に2018年の地方選挙有権者研修課程を開催した」ことも明らかになった。

これらの事実について問い合わせた記者に対し、恩平区選管委側は「中国人が民主党の味方だという証拠があるんですか？　中国人のほうが公正かもしれないでしょう」と答えた。

恩平区を中心に、韓国移住女性連合会、恩平外国人労働者センター、多文化家族支援センター、民主平和統一諮問《しもん》会、共に同胞連合会、韓国女性政治研究所、多文化家庭連帯、韓国移住女性有権者連盟など、たくさんの多文化関連団体が、韓国の選挙に中国系女性たちが積極的に参加するよう誘導しているという説もある。

第10章

左派長期独裁体制へ、新たな特権階級の誕生

1・大量殺人犯として北に送り返された脱北漁民

2019年11月、韓国に帰順（亡命）しようと海上を逃げてきた2人の北朝鮮の漁民が、大量殺人犯として北に送り返される事件が起きた。

2人はイカ釣り漁船に乗って韓国へやってきた。帰順する意思を示したが、韓国政府によって板門店《パンムンジョム》で北朝鮮に引き渡された（中央日報2019年11月8日「3人が16人殺害…強制送還された北朝鮮漁民の猟奇殺人ミステリー」https://news.joins.com/article/23627486）。

事件の経緯はこうだ。

同年8月15日、船長以下19人が乗ったイカ釣り漁船（17トン）が北朝鮮の金策《キムチェク》港を出港。10月下旬、船長の過酷な扱いに不満を抱いた2人は別のもう1人と3人で真夜中に船長を殺害。これを隠蔽《いんぺい》するため、就寝中だった他の船員15人を順番に鈍器で殴って、全員殺して海に捨てた。

彼らは犯行後、逃走資金調達のため、再び金策港に戻ったが1人が逮捕され、残った2人は漁船で韓国に逃れてきた。NLL（北方限界線）付近まで来た漁船を韓国海軍が発見し、警告射撃、北に戻るよう伝えたが2人は聞かず、11月2日に韓国海軍が拿捕《だほ》した。その後の調べで2人は帰順する意思を明らかにしたが、韓国政府は許可せず、7日、北に送還し、8日に乗っていた漁船も北に引き渡した。

韓国政府は「殺人など重大な非政治的犯罪で、法（北韓離脱住民の保護及び定着支援に関する法律）の保護対象ではなく、凶悪犯罪者として国際法上、難民とも認められない」として、この措置が正当なものであったとした。しかし韓国内からは、離脱住民（脱北者）が北で罪を犯していた場合、定着支援金などの保護恵沢は制限されるが、北に追放する法的根拠はないという反論が出た。

また、韓国の憲法では第3条に「大韓民国の領土は韓半島（朝鮮半島）とその付属島嶼《とうしょ》とする」と明示されている。つまり、現在の北朝鮮地域も韓国の領土で、そこに住む住民も韓国の国民であり韓国の法が適用される。もし罪を犯したのであれば、韓国の法にしたがって裁判を受ける権利があったのだ。

海上、船長以下乗組員は全員死亡（行方不明）、目撃者なし、2人の自白以外に何の証拠もない。乗っていた漁船の鑑識も行われず、2人は両手を縛られ、猿ぐつわ、目隠しをされて、板門店に連れていかれた。

この事件が明らかになったきっかけは、ニュース1の記者によるスクープだった。この記者は2人が北に送り返された当日、国会予算決算委員会に出席していた青瓦台《チョンワデ》国家安全保障会議（NSC）関係者の携帯電話の画面に映し出されたショートメッセージをひそかに撮影。すると、そこにはJSA（共同警備区域）大隊長（中佐）から同日午前に送られたメッセージがあった。

「本日15時に板門店で北朝鮮住民2人を送還する予定です。北朝鮮住民たちは11月2日、三陟《サムチョク》に降りてきた人員で、自殺の危険があるため、赤十字社ではなく警察がエスコートします」

これを記事にして事件は公《おおやけ》になった。2人の漁民が乗った船が韓国軍に拿捕されてから北に送還されるまでの5日間、韓国政府は国民に隠していたことになる。今回はたまたま発覚したが、これまでも同様のケースが隠蔽されてきた可能性は十分にある。

この冷酷な仕打ちには文在寅《ムンジェイン》政権の人権感覚がよく表れており、多くの韓国民の背筋《せすじ》を凍らせたが、さらに驚くべき事実があった。この事件で2人の漁民が行ったとされる大量殺人事件とよく似た事件の弁護を、23年も前に、誰あろう文大統領が行っていたのだ。

2・文在寅が弁護した朝鮮族船員による同様の殺人事件

1996年8月2日、南太平洋で操業中だったマグロ漁の遠洋漁船ペスカマ15号（254トン）で猟奇的な殺人事件が起きた。チョン・ジェチョン（38）など朝鮮族6人が船員11人を順番に1人ずつ操舵室《そうだしつ》に誘引し、凶器と鈍器で残忍に殺して遺体を海に捨てたのだ。船長以下、韓国人が7人、インドネシア人3人、朝鮮族1人が犠牲になった。

チョンらは「仕事ができない」という理由で船長とトラブルになり、船を降りなければならなくなったが、下船すればカネは稼げず、莫大《ばくだい》な借金だけが残る。ならばと6人は船を奪って日本に密入国することを思いつき、犯行に及んだ。今回の北朝鮮漁船の殺人事件と似ている。

同じ民族とはいえ、異なる体制の下で生きる朝鮮族と韓国人が衝突してしまう難しさを未来韓国の記事が説明している。

《韓国の人々は情が深く情熱的で、飲酒歌舞を好む。それは同じ民族であることを確認させる要素だった。しかし、一方で韓国は位階《いかい》秩序が厳しく、自由に働ける代わりに、働いた分だけ所得を得る徹底した市場経済社会だった。

平等を強調する社会で、一生懸命やっても怠《なま》けても同じ分配を受ける中国で暮らしていた朝鮮族たちは、言葉も通じ、「同じ民族の国だから、適応しやすいだろう」と考えていたが、時がたつにつれ厳しい現実を思い知らされるようになった》(２０２０年３月13日「[論壇]朝鮮族にとって韓国はどんな国か?」https://www.futurekorea.co.kr/news/articleView.html?idxno=130173)

チョンら6人は1審で全員死刑を宣告された。当時、釜山で弁護士をしていた文在寅は、この事件を2審から担当した。「史上最悪の船上反乱」事件として、韓国民の間で批判の声が高まっていたなか、文弁護士はこういった趣旨で弁論した。

「朝鮮族の乗組員は漁労《ぎょろう》の経験がなく、仕事がよくできず、平等主義が強い中国式社会主義の文化とは違う環境で、(船長らの自分たちへの態度を)蔑視と受けとめてしまい、(事件は)偶発的に発生した」(韓国日報２０１１年10月14日「事件と人／文在寅が見たペスカマ号事件」https://www.hankookilbo.com/News/Read/201110141760008768)

釜山高裁は1997年4月、チョンを除く5人は無期懲役に減刑。同年7月、最高裁はこれを確定した。唯一の死刑囚だったチョンも、盧武鉉《ノムヒョン》政権時代の2007年、大統領特別恩赦《おんしゃ》によって無期懲役に減刑された。文在寅は当時、青瓦台秘書室長だった。

文在寅は朝鮮族コミュニティからの要請で同事件を引き受けた。チョンらは経済的に余裕がなく弁護人を選任できないなど、まともな防御権を行使できなかった。この件で韓国で暮らす朝鮮族たちが動揺したため、釜山弁護士会人権委員長を務めていた文在寅が同事件を受任したのだ。

文在寅は11年10月、韓国日報とのインタビューで、「朝鮮族同胞は祖国で助けてもらいたいと思っているが、私たちには彼らをそれとなく蔑《さげす》む心理がある」とし、「ペスカマ号事件の加害者も同胞として暖かく抱かなければならず、今もその考えに変わりはない」と語っている。

今回の北朝鮮漁船での殺人事件は、23年前のペスカマ号殺人事件の弁護人が韓国大統領として政権を握っているときに発生したが、結果はまったく違った。文在寅政権は帰順する意思を明らかにした「北朝鮮の同胞たち」を「暖かく抱く」ことはなく、ろくに調べもせず北朝鮮に追い返したのだ。

まったく逆の対応をしたのだが、一つの透徹《とうてつ》した信念による当然の結果だったともいえる。つまり文在寅には「中国と北朝鮮の独裁政権の意向に従う」という確固たる方針があるのだ。ペスカマ号の朝鮮族船員たちは中国人であり、韓国に浸透しようとしている、いわば中国の先鋒隊《せんぽうたい》であった。これを保護することは中国共産党政権の意向に沿う。朝鮮族全体を味方に付けることも期待できた。一方、北朝鮮の漁民は法的には同じ韓国民ではあるが、彼らを受け入れることは北の金正恩《キムジョンウン》政権の意向に反した。また、助けたところで益もない。だから、前者は守り、後者は容赦《ようしゃ》なく（彼らの言葉を使うと）「無慈悲に」切り捨てた。

自らも韓国で左派独裁政権を打ち立て、中国と北朝鮮の独裁政権に近い体制を整えて、それらの独裁政権と協力しながら韓国の新たな特権階級として自国民を支配し、統制していく――。これこそが文在寅ら韓国左派指導層が目指すものなのだ。

3・国会常任委員会の長をすべて押さえた与党、公捜処の設置へ

２０２０年６月29日、第21代国会の任期が始まって１カ月続いてきた与野党間の院構成

をめぐる交渉が決裂した。

韓国の国会で慣行として定着していた野党に法制司法委員会（国会常任委員会の一つで、法制司法に関する国会の意思決定機能を実質的に遂行している）と予算決算特別委員会の委員長を譲る慣行を与党が破ったことが原因だった。この2つの委員長ポストを野党が持つのは政府を牽制《けんせい》するなどそれなりの理由があり、過去の巨大与党もそれを認めて野党に譲歩してきたのだが、今回は違った。

民主党は単独での院構成に乗り出し、17の国会常任委員会と常設特別委員会である予算決算特委の18委員会のすべての委員長を独占した。

これにより、1988年の第13代総選挙以降32年間続いた、与野党で議席数に応じて各委員会の長を配分する議院構成の慣例が破られ、「与党の常任委員長独占体制」となった。法曹界からは「力の政治」を推し進める巨大与党の独走を懸念する声が上がった（法律新聞2020年7月1日「民主党、国会常任委員長を独占…『力の政治』を懸念」https://m.lawtimes.co.kr/Content/Article?serial=162594）。

与党は地方議会でも議長、常任委員長ポストの大部分を掌握《しょうあく》し、議会政治は事実上終わったと言える。民主化のために闘ってきたはずの左派勢力が政権を握り、先人たちが守ってきた民主主義のシステムを破壊し、軍事政権の時代でさえ成しえなかった容赦のない独裁体制を築くという、なんとも皮肉で倒錯《とうさく》した事態となったのだった。

民主党の李海瓚《イヘチャン》党代表はさらにこの日午前、党会議で「公捜処《コンスチョ》（高位公職者犯罪捜査処）の設置は検察改革の最も核心的な事案」とし、公捜処法施行日の7月15日に合わせて発足させると宣言した。

「民主党は第21代国会上半期に検察改革を終える」

「統合党が公捜処の発足を妨害するなら、公捜処法改正を含む特段の対策を用意してでも必ず迅速に公捜処を発足させる」

公捜処とは検察官を含む政府高官の不正を調べる大統領直属の独立した機関で、検察の上に位置するいわば「第二検察」、青瓦台が検察を統制するために機能する。独裁は検察を政権の下僕《げぼく》にしてこそ完成する。

この時期、文在寅政権下での権力型不正事件が相次いで暴露されていた。たとえば蔚山《ウルサン》市長選挙への青瓦台の介入と下命捜査、曺国《チョグク》元法相一家のさまざまな不正、柳在洙《ユジェス》元釜山市経済副市長の収賄《しゅうわい》とその監察もみ消し、新羅《シンラ》ジェン（バイオ企業）やライム資産運用の投資詐欺、ドルーキングによる大統領選挙での世論操作（文在寅が当選した17年5月の大統領選挙で与党関係者が特殊なプログラムを使って文を支持し、対立候補や有力候補を批判するコメントを大量に投稿し世論を誘導した事件。「ドルーキング」というハンドルネームを持つ民主党員のブロガーや、関与した数人が逮捕された）、尹美香《ユンミヒャン》民主党議員らの正義連（旧挺対協）の活動をめぐる横領や背任行為……。

これらの政権を揺るがしかねない事件の裁判が続くので、事件をうやむやにし、政権と「仲間たち」を守るために検察を骨抜きにするのが、公捜処の発足を急ぐ理由だった。

4・「タマネギ男」と揶揄されて辞任した法相

曺国（1965年生まれ）は2019年8月9日、文在寅大統領から次期法務部長官候補に指名された。民情首席秘書官時代から進めてきた「検察改革」の仕上げをすることを期待されての抜擢《ばってき》で、彼は文在寅の後継者と目《もく》されていた。

だが指名の直後から、曺国の数々の不正疑惑が明らかになり、法相就任に反対する国民の声が大きくなっていった。

韓国では閣僚候補者はその地位にふさわしい人物かどうか、国会の聴聞会で審査される。

曺国への国会聴聞会は反対世論に押されて延期された。

曺国は9月2日、緊急記者会見を開き、11時間かけて疑惑を否定した。そして6日の国会の聴聞会に臨んだが、同日夜、妻で東洋《トンヤン》大学教授の鄭慶心《チョンギョンシム》（62年生まれ）が私文書偽造容疑で在宅起訴された。

しかし9日、文大統領は曺国の法相任命を強行。曺国を擁護し検察改革を主張する左派と、曺国の法相辞任を求める右派がそれぞれ大規模デモを頻繁《ひんぱん》に行い、国情混乱に歯止めがかからなくなり、10月14日、曺国は法相を辞任した。

曺国にかけられた不正疑惑。大きくは以下の4つ。

(1)娘の不正入学
(2)娘の不適切な奨学金受給
(3)親族による私募《しぼ》ファンドの不正な投資運営
(4)母親が理事長を務める学校法人の不透明な債権債務

この中で、政権にかかわる大きな不正は(3)だが、若者を中心に韓国民の不公平感を刺激し、大きな反発を受けたのは(1)と(2)だった。

曺国の娘は米国で2年ほど中学校生活を送り、高校入学に合わせて帰国。外国語高校に定員外の特例枠で入り、高校卒業後は生命科学系の大学（高麗《コリョ》大学環境生態工学部）、医学専門大学院（釜山大学医学専門大学院）へと進んだ。高校から大学院まですべて、日本で言う「推薦」で合格、一般の筆記による学力テストは一度も受けていない。これは今の韓国で江南《カンナム》（富裕層の暮らす地域）の親が子供に歩ませようとするエリートコースで、将来は大金が稼げる美容整形外科医などになる。

この進学の過程で、曺国は妻の鄭慶心と共にさまざまな不正を働いていた。たとえば、娘が高校2年生の時、檀国《タングク》大の医学部で2週間インターンしただけで（書類上のもので実際はほとんどしていなかった）、第一著者として教授や博士課程の大学院生たちと共に医学論文に名を連ねて大学の推薦入学に有利な実績としたり、ボランティア活動で鄭慶心の務める東洋大学の総長賞を受けたとする表彰状を偽造して、大学院進学の際の添付書類としたりしていた。

インターンを担当した檀国大教授の息子は曺国の娘と高校の同級生。彼は高校時代に曺国が勤務するソウル大の「公益人権法センター」でインターンをしたとして証明書類を得て、米国の大学に進学時に提出していた。しかし息子自身は「このインターン活動をほとんどやらなかった」と話した。つまり2人の教授が娘と息子をそれぞれの大学でインターンをしたことにする、いわばバーター取引をしたと見て間違いないだろう（KBS2019年9月6日「曺国の娘の論文を担当した教授の息子『ソウル大学法学部のインターン、実際は活動していなかった』」http://mn.kbs.co.kr/mobile/news/view.do?ncd=4278394）。

ところが人事聴聞会で曺国は、「檀国大教授の息子のインターンについて（檀国大教授と）なんの連絡もとっていない」と平然と否定した。このような道徳的堕落《だらく》や良心の麻痺《まひ》、厚顔無恥《こうがんむち》ぶりは曺国だけではなく、曺国の周辺に蔓延《まんえん》していることが検察の調べによって明らかになった。彼らは特権階級を形成し、互いに融通《ゆうずう》し合って大小の不当な利益を得て、ほくそえんでいたのだ。

とにかく曺国のインチキぶりはひどいもので、新しい事実が出るたびに韓国のメディアはもちろん、日本のテレビでも大きな話題になった。日本では、むいてもむいても新たな皮（疑惑）が出てくることから、「タマネギ男」なる滑稽《こっけい》なあだ名まで生まれた。

19年12月31日、曺国は収賄、不正請託《せいたく》禁止法違反、証拠偽造、隠匿教唆《いんとくきょうさ》、偽計《ぎけい》公務執行妨害、虚偽作成公文書行使、公職者倫理法違反など、11件の容疑で在宅起訴された。

5・自分たちは龍、庶民は小川のフナ、カエル、ザリガニ

次から次へと不正疑惑が明らかになり、国民の怒りが渦巻いていた8月19日、曺国がツイッターに記した過去のコメントが注目された。2012年3月、曺国はこうつぶやいていた。

《私たちは「小川から龍が生まれる」という類《たぐい》のエピソードが好きだ。しかし、富める者はますます富み、貧しい者はますます貧しくなる傾向が強まり、「10対90の社会」になり、小川から龍が生まれる確率は極めて低くなった。みんなが龍になることはできず、また、そうなる必要もない》

《より大事なのは龍になって雲の上に舞い上がらなくとも、小川でフナ、カエル、ザリガニとして生きても幸せな世の中を作ることだ。空の雲を見て血を流す競争をしないで、清潔で、きれいで、暖かい小川を作ることに力を入れよう！》

改めてこれを読んだ韓国民から「我が子は龍に育て、庶民は小川のカエルとして生きて、

幸せを感じろというのか」と怒る声や、「機会は平等に、過程は公正に、結果は正当に」という文在寅が大統領就任演説で発した言葉に対し、「まったくそうなっていない」と批判する意見などが出て、反発が広がっていった。

野党・自由韓国党は「有利なスペックは、他人の子はダメ、我が子ならいいという考え方の典型」とし、「このように矛盾している曺国法相候補者は、法務部長官どころか、民情首席、教育者、公職者、すべての基本的なレベルに達していない」と指名の撤回を要求した（東亜日報2019年8月20日「みんなが龍になる必要はない」と言った曺国、娘は外国語高校・医専院…典型的な「龍」コース」https://www.donga.com/news/Politics/article/all/20190820/97034906/2）。

曺国の娘は学業が芳《かんば》しくなく、医学専門大学院では2度留年した。にもかかわらず、6学期の間、毎学期200万ウォンの奨学金を受けていた。「いったい、どういう基準で奨学金を出しているのか？」と韓国民はさらに激怒。曺国が2012年4月に「奨学金は成績よりも経済状況を中心に変えるべきだ」とツイートしていたことも分かり、怒りの火は拡大する一方だった（中央日報2019年8月19日「曺国、過去にSNSで『奨学金は経済中心に』…娘への奨学金が議論に　再び注目」https://news.joins.com/article/23556170）。

この件についても、自由韓国党は非難した。

「曺候補者には56億4000万ウォンもの財産があり、そのうち預金が34億4000万ウォンにもなる。娘は一般学生には想像もできない財産のある家庭の子弟でありながら、毎学期奨学金を受け取ったのも不適切だし、2度も留年した落第生にもかかわらず奨学金を得ていたことはモラルハザードを越え、他の学生の奨学金を奪ったも同然だ」

もちろん、この娘への奨学金は、曺国への間接的な賄賂《わいろ》だったとみるべきだ。

当時、指導教授として曺国の娘に奨学金を与えていた釜山医療院長のパソコンから「大統領の主治医に同校所属の教授が任命されるのに大きな役割を果たした」と書かれた文書が発見された。野党は「院長が、主治医になった教授の委嘱《いしょく》を曺国（当時、青瓦台の民情首席秘書官）に要請して、同校所属の教授が大統領の主治医に任命されたのではないか」という疑惑を提起した。

これに対し、青瓦台は「正当な手続きによってその教授は主治医に委嘱された」「曺国とはまったく関係がない」と答えた（朝鮮日報2019年8月28日「釜山に滞在する大統領の主治医を決めるのに…曺国の力が働いたか」https://news.chosun.com/site/data/html_dir/2019/08/28/2019082800225.html）。

自分たちは雲の上に昇る龍、庶民は小川で生涯を終えるフナ、カエル、ザリガニ……そして龍には不正や不法な行為も許される。新たな特権階級の誕生だ。３K現場で韓国社会を下支えする朝鮮族からすれば、見上げても視界の届かない遥か彼方の別世界だろう。

辞任した曺国の後任として、２０２０年１月２日、秋美愛《チユミエ》（１９５８年生まれ）が法相に就任した。秋法相は就任早々、尹錫悦《ユンソンニヨル》検事総長（60年生まれ）の指揮下、曺国など政権周辺の事件の捜査にあたってきた検察幹部32人を地方や閑職《かんしよく》に飛ばす強引な人事を強行。「検察大虐殺」と批判された。

ところが、秋法相にも息子の兵役をめぐるスキャンダルが発覚する。

息子は16年11月から21カ月間、カトゥサ（ＫＡＴＵＳＡ）で兵役を送った。在韓米軍の管轄下にあるカトゥサは生活環境や食事、休暇など、韓国の一般部隊より恵まれている。英語力が向上し、就職にも有利な点も魅力で人気が高い。

文在寅大統領が就任した直後の17年６月、息子は右ひざの手術を受けるとして病気休暇を取った。休暇は６月５日から14日間だったが、最終日の19日に電話で休暇の延長を申請した。

当初、秋法相側はこの電話は息子自身が直接部隊にかけ、口頭で許可を得たと説明したが、サーバーに録音されていた声は女性で、秋法相のものでもなく、「補佐官だったのでは」という疑惑が浮上。

息子は休暇が終了する23日に再延長を申請。部隊は許可しなかった。しかし、24日になっても復帰せず、25日に当直兵が本人に電話をかけると、彼は「自宅にいる」と答えた。その20分後、上級部隊の大尉が「未復帰ではなく年次休暇として手続きせよ」と指示し、24日から27日まで休暇を取ったことになった。なお、「自宅にいる」と答えた息子がその時、ネットカフェでゲームに没頭していたことが後に野党議員によって暴露された。

検察は「軍務離脱罪」の容疑で調べた。関連法規は「軍刑法」の「軍務離脱の罪」（第30条）の規定。「軍務を忌避《きひ》する目的で部隊又は職務を離脱した者」は、「敵前の場合、死刑、無期または10年以上の懲役」「戦時、事変の時、または戒厳《かいげん》地域の場合、5年以上の有期懲役その他1年以上10年以下の懲役」に処されることがある。重罪だ。実際、息子とほぼ同時期に兵役にあった一等兵は、休暇からの復帰が17分遅れただけで実刑判決を受けた。

韓国民は、息子がこのようなことができたのは当時、与党の代表だった母、秋美愛の力によると考えた。

さらに、秋法相は就任後、この事件が発覚すると捜査妨害に出た。

事件の捜査はソウル東部地検が行った。ソウル東部地検が息子の診療記録を取るため三《サム》星《スン》ソウル病院を家宅捜索しようとしたところ、最高検察庁の刑事部長がそれを止め、代わりに息子に診断書を任意で提出するように指示した。それでも東部地検は8月6日、三星ソウル病院に対する家宅捜索を行った。すると秋法相は刑事部長をソウル東部地検長に抜《ばっ》擢《てき》した。さらに捜査チームの次長検事や部長検事は辞表を出したり、閑職《かんしょく》に回されたりした。これまた「虐殺」的な人事だった。

法相が法を愚弄《ぐろう》し、権力を乱用する。それでいて「検察改革」を訴える――韓国の「法治」の現状だ。

6・政権対検察の闘いは、次期大統領選挙へ

大きな非難世論に巻き込まれた秋美愛だが、息子の兵役をめぐる問題は本人、補佐官、息子、全て不起訴処分で終わった。しかし、2代続けて法相が韓国民の激しい怒りを買い、行政の停滞を招いた。公捜処の設置も遅延し、野党の抵抗により初代処長を決めることさえできない状態に陥《おちい》った。

だが結局、最後は数の力で決着した。20年12月10日、与党民主党は、公捜処長推薦委員会から「野党の拒否権」を剝奪《はくだつ》した公捜処法改正案を国会本会議で採決した。「公捜処の政治的中立性を担保する最小限の牽制《けんせい》装置さえなくなってしまう」という野党や世論の反対を押し切ったのだった。

15日の閣議で、文在寅大統領は「長い間、権力機関によって民主主義が毀損《きそん》され、人権侵害を受けてきた韓国の国民としては実に歴史的なことだ」と感慨深く評価し、「公捜処は検察に対する民主的統制手段としても意味が大きい。検察はこれまで絶対的な権限を持ちながら、自らの過ちに対しては責任を負わず、責任を問う術《すべ》もない聖域になっている、と国民の批判を受けてきた」と語った。

20年12月16日、文大統領の盾となって尹錫悦検事総長と闘い続けてきた秋美愛が、法務部検事懲戒委員会で決まった尹検事総長に対する停職2カ月の懲戒処分を大統領に報告し、裁可を求めると同時に法相を辞任した。現職の検事総長が懲戒委で懲戒処分を受けたのは憲政史上初めてのことだった。権限乱用などの不正が理由とされた。

17日、これを裁可した文大統領は「秋長官の推進力と決断がなかったら公捜処の設立や権力機関の改革は不可能だっただろう。時代が与えた任務を忠実に果たしてくれたことに特別に感謝する」と秋美愛をねぎらった。

尹検事総長は直《ただ》ちに懲戒取り消しを求める行政訴訟を起こした。ソウル行政裁判所は24日、尹総長に対する処分の効力を中断する決定をした。尹総長は8日ぶりに業務に復帰した。

21年1月21日、初代公捜処長、金鎮煜《キムジヌク》(1966年生まれ)が青瓦台で任命状を受け取り、3年間の任期に就《つ》き、公捜処が正式に発足した。

3月4日、尹錫悦検事総長が辞任した。4回の制裁人事、3回の指揮権発動、総長懲戒など、文在寅政権の執拗《しつよう》な圧迫に耐え続けてきたが、任期を4カ月余り残して、ついに辞任することになった。検察潰《つぶ》しに躍起の文政権が、高位公職者の捜査権と起訴権を検察から奪って公捜処を発足させたのに続き、検察から他の犯罪の捜査権をも取り上げる「重大犯罪捜査庁」まで設立する準備を始めたことで堪忍袋《かんにんぶくろ》の緒《お》が切れた。検察を去るに際し、尹錫悦はこう語った。

「私はこの社会が苦労して築き上げた正義と常識が崩壊するのをこれ以上見過ごすことはできない。この国を支えてきた憲法精神と法治システムが破壊されている。自由民主を守り、国民を保護するために力を尽くす」

文大統領は政権の不正を捜査してきた目障《めざわ》りな尹の追放に成功したわけだが、大きな脅威がはっきりと姿を現したのも現実だ。尹錫悦との対立は、検察改革の枠を超え、大統領権力の争奪戦へ発展したのだった。

すでに述べたように、韓国の場合もともと法治がきちんと機能していたかというと甚《はなは》だ疑問である。しかし、文在寅政権の今ほど滅茶苦茶《めちゃくちゃ》になったことは過去の軍事政権の時代にもなかった。

8日、尹前検事総長が辞任した直後に実施された次期大統領候補の支持率についての世論調査（ＫＳＯＩ〈韓国社会世論研究所〉が5日に全国の18歳以上の成人１０２３人を対象に調査）で、尹錫悦の支持が32・4％を記録、1位に躍り出た。今年1月にＫＳＯＩが行った調査では14・6％だったので、17・8％ポイントも急騰した。

しかし、大統領選挙は22年3月、これからだ。左派による長期政権を目指す民主党は、どんな手を使ってでも大統領の座を守ろうとするはずだ。

7・文在寅が誓った「一度も経験したことのない国」

《不可能なことをすると大口をたたきません。間違ったことは間違ったと申し上げます。虚偽で不利な世論を覆《おお》い隠しません。公正な大統領になります。
特権と反則のない世の中を作ります。常識どおりにしてこそ利益を得られる世の中を作ります》

2017年5月10日、文在寅は大統領就任演説でこう述べたが、「虚偽」ばかりなうえに、どこが「公正」なのか、おまえの周りは「特権と反則」ばかりじゃないか……そんな声が小川で暮らすフナ、カエル、ザリガニから聞こえてきそうだ。文在寅はこうも言った。

《今、私の胸は一度も経験したことのない国を作るという情熱に燃えています》

確かに韓国民は、建国以来一度も経験したことのない国を、文在寅が構築しようとしていると感じているだろう。

だが、それは何のことはない、日本統治時代も超えて近代以前、中国の属国だった時代に回帰することであり、民族としては本来の状態に復元されていくだけのことなのかもしれない。

地理的に、歴史的に、経済的に、文化的に、そして人的にも、朝鮮半島と中国は、日本と中国の関係とは比較にならないほど密接だ。また、近年、強まった中国の影響以前に、民族性、民度からして、もともと自由民主主義はなじまなかったのだろう。共和制の立派な民主主義制度を導入はしたが、どうしてもその制度の趣旨、理想や哲学に沿った運用はできなかった。

一国の政治とは、その国の伝統や民の精神から離れた制度では成立しえない。外からある制度を移植したところで、その国の人々に合っていなければ無理が生じ、混乱し、壊れてしまう。韓国の歴代大統領は「韓国に合わない制度の犠牲」になってきたといえる。現在、韓国の与党・民主党が、中国共産党、北朝鮮労働党のような長期独裁政権の実現に向けて進んでいるのは、犠牲者を生み出し続ける状態を終わらせ、政治を自分たちに合った仕組みに変えていく、あるいは慣れ親しんだ状態に戻していく過程と見ることもできる。

実際、20年9月、青瓦台の国民請願サイトに、李朝時代の王への上疏文《じょうそ》を模した「陛下、ご譲位なさいませ」と題する長文が上げられ、文大統領に下野《げや》を迫った。文在寅政権の問題点をよく捉《とら》えており、風刺《ふうし》の利いたなかなかの文才を感じさせるものだ。少々長いが引用しよう（https://www1.president.go.kr/petitions/592532）。

《陛下、もうおやめになり、ご譲位なさいませせ！

小臣《しょうしん》（臣下）は先皇の廃位に心を痛める民でありましたが、それでも国を憂《うれ》い、新しい皇帝の即位に是非とも聖君であらせられますようにとの願いと共に成功を祈願し、陛下が標榜《ひょうぼう》された「人が先だ」という旗幟《きし》にふさわしい新しい国家の誕生を切に祈っておりました。

「期待が大きければ失望も大きい」という言葉がこれほどまで符合するとは考えもしませんでしたが、約3年の歳月が流れた現在に至り、これまで小臣があれほど念願していた陛下の成功と聖君に対する期待を捨て、朝廷大臣たちと陛下に心よりお願い申し上げますので、文才のない女の文だと打ち捨てにならず、お納めくださいませ。

陛下！　もうおやめになり、ご譲位なさいませ！

陛下の治績《ちせき》は朝廷大臣の治績でございます。臣下が君主をきちんと補佐できなかった罪の代価は死をもって償《つぐな》うべきですが、主君が臣下を誤って選び、国を乱し、民衆を苦しめ、疫病をはびこらせたとすれば、これもまた帝王の座に留まることはできないでしょう。

権力の核心である刑曹判書（法相）の曺国に対し、それが合理的な理性に立脚して熟慮したにもかかわらず「政権の不正」ではないと強弁されたり、国政を運営する陛下自ら「心の借金」云々《うんぬん》と曺国前刑曹判書が「闇の権力」を行使し続けられるべく権力のメカニズムが作動するように幇助《ほうじょ》なさる行為が、君主として妥当なことか、問わざるを得ません。

果たして、国家のアイデンティティは何でしょう？　地方の儒者たちが立ち上がり、上疏文を奉ずるも陛下や朝廷の大臣たちは変化どころか、その悪行は天を衝《つ》く有様、近ごろは医師と看護師を二分するまでに至りました。慶尚道《キョンサンド》と全羅道《チョルラド》を分かち、左右を分かち、医師と看護師を分かち、その次は何を分かちますか？　民衆を和合させ、階層間の異質感を統合しても外勢に対応するに足りないところなのに、核分裂で分かち、また分かち、何をどうするお考えなのでしょう？

陛下自らそのような言行をされたとしても、それ自体が、一国の帝王としては問題があり、他方、陛下自らそのような非国法的な状況を知りながら、そのような言行がなされたとしても、両者とも帝王としての資質なき行動でございます。陛下自らが負われる国政の重さを負担に感じるなら、自ら退かれても、陛下没後の安危《あんき》のためには当を得たものでございます。

かつて多くの先皇が獄苦《ごっく》を経験したことに鑑《かんが》みて、譲位なさることが正しいようですので、ご諒察《りょうさつ》なさいませ。

最近、数カ月間、多くの階層から批判を受けてきたにもかかわらず、陛下は卸発言を撤回されたり遺憾を表明されたことはございません。陛下の失策があまりに大きいからこそ、前大学訓長（教授）、陳重権《チンジュングォン》（1963年生まれ、評論家。曺国事件をきっかけに、進歩から保守へと転向）が陛下と朝廷大臣たちに向かって厳しく批判いたし、その内容、つまり陛下に対する批判というより、権力の核心だった前刑曹判書、曺国と、現刑曹判書、秋美愛に対する批判ですが、これもまた二人の人事を断行したのは陛下ご自身なのですから。

刑曹を身勝手に行使し、罪のある朝廷大臣、陛下に追従する豪族は、みな罪はないとし、反対派には鋭い刃《やいば》を向ける秋美愛刑曹判書こそ、自分が閻魔《えんま》大王にでもなったかのように振る舞っていますが、これもまた陛下の治績であります。

女の小臣から見てもこうなのに、儒学者たちが陛下と朝廷大臣を見たら何と言うでしょうか？　目があっても見ることを拒み、耳があっても聞くことを拒み、口があっても言うことを拒み、手があっても上疏文を奉ずるのを拒む当代の碩学《せきがく》たちが、嘆息ばかりもらしていることを陛下はまったくお分かりになりませんか？

この国と北国（北朝鮮）は厳然たる違いがあるのに、北国が危難《きなん》に際した時に医師を差し出して北国に強制的に送るという法令は、一体この国の民のための法なのでしょうか？　それとも北国の人民のための法律ですか？　北国に保健所を２００カ所建て、直接、運営するということは、北国と統一し、統一国家の皇帝になるためですか？　北国の豚王が素直に皇帝の座を明け渡す約束でもしましたか？　それとも豚王が皇帝となり、陛下は皇帝の下の諸侯国の王として残ることを密約しましたか？

一時は中国の始皇帝《しこうてい》の顔色を窺《うかが》って疫病まで輸入して多くの民衆を殺し、経済が奈落《ならく》の底に落ち、民を塗炭《とたん》の苦しみに陥らせましたが、今や、医師まで権力維持に利用しようとなさるのですか？　英才たちだけ選抜して育成する医師を、医師公営制を掲げて公共大学を作り、市民団体が新入生を推薦するとは、民の生命の尊さをご存じない陛下と朝廷大臣は、一体どこの国の陛下、朝廷大臣なのでしょうか。民心が天心であるのに、民意に反して帝王の座に留まることを願われますか？

自由のない国家を夢見ておられるのでしょうか？　それで全体主義国家として、千年万年、子々孫々に帝王の座をお譲りになりたいのですか？　それで、宗教の自由を圧迫し、私有財産の取得も困難にされるのですか？　民は無条件、貧乏であってこそ無駄口を叩かずについてくるというお考えから、下降平準化をさせ、すべての企業を奪って国営企業体になさりたいのですか？　疫病を口実に民の移動動線まで監視しようという試みは、移動の自由まで剥奪なさろうという意図ですか？

昔から君子は帝王学を学んでこそ帝王の資格が与えられると言われますが、陛下におかれましては帝王学を学ばれましたでしょうか？　帝王学には、民を天のように敬《うやま》い、天機《てんき》に逆らわなければ太平の世が到来し、民が疲れ果てなければ聖君ですが、聖君ではなく暴君であり、世宗《セジョン》（聖君）ではなく燕山君《ヨンサングン》（暴君）であるのが陛下であらせられます。ご諒察くださいませ。もうお退きなさいませ！

民の心を失えば、帝王の寿命も終わりです。民がいてこそ王もいるもの、民心を裏切った帝王は、最後は無傷ではいられなかったものでございますが、臣が懇願することは、玉体《ぎょくたい》をきちんと保存なされということです。

盧武鉉先皇の前轍《ぜんてつ》を踏まず、子々孫々、帝王になりたいという夢も捨ててくださいませ。死ねば腐ってしまう身体でも、盧武鉉先皇のように逝《い》かれたなら、死んで先祖にどう顔向けし、残された家族はまたどうなりますでしょう？
万民が自由を享受《きょうじゅ》できる国である時、今、お退きなさいませ。
西暦2020年9月3日　漢陽《ハニャン》都城で、婦女の金氏》

韓国民は自国の変化をリアルに感じている。また韓国民の心の底に朝鮮時代の意識が流れていて、それが今の変化がもたらす社会不安によって表出しているのかもしれない。

私たちはこの変化を冷静に、時に冷徹に眺めながら、楽観的な見通し、甘い期待や幻想は捨てて、自国の安全保障と国益を第一に考えて対応していかなければならない。

終章

結局、韓国は米中のどちらにつくのか？

1・板挟みの中で「絶妙の方法」を模索しろ

果たして韓米同盟は継続できるのだろうか？

たとえば、前述した中国の猛反発を招いたサードミサイルシステム。いまだ市民団体らの反対は続くものの着実に運用されており、2020年5月29日には交換用のミサイルや電子装備も星州《ソンジュ》の基地に搬入された。中国は怖いが米国には逆らえない——韓国のつらい立場だ。

同年6月3日、李秀赫《イスヒョク》駐米大使（1949年生まれ）が特派員懇談会で、米中間の対立の激化に関連して、

「一部では、私たちが米国と中国の間に挟まれ、選択を強要されることになるだろうと懸念する声もあるが、私たちは選択を強要される国ではなく、今や私たちが選択できる国だという自負心を持っている」

と板挟みの鬱憤《うっぷん》を晴らすかのように、思い切った発言をした。だが米国はまったく動じず。米国務省は5日、「韓国は数十年前に権威主義を捨てて民主主義を受け入れた時、す

でどちらの側に立つかを選択した」とし、選択の余地はないと大使の発言を一蹴《いっしゅう》した（VOA2020年6月8日「米国務省『韓国は、どちらの側に立つか数十年前にすでに選択』駐米大使の発言に論評」https://www.voakorea.com/korea/korea-politics/us-korea-alliance）。

中国も黙っていない。8月21日、楊潔篪《ようけつち》共産党外交担当政治局委員が釜山を訪れた。新型コロナウイルスの感染拡大以降、中国の高官としては初めての訪韓となる。徐薫《ソフン》国家安保室長と、習近平主席の訪韓などについて話し合った。

この動きをにらみ、マーク・エスパー米国防長官が同月26日、ウォールストリート・ジャーナルに、同盟国に向けたメッセージを寄稿。この文章を引用しながら、韓国の板挟みの苦しみを中央日報がこう報じた（中央日報2020年8月29日「米の主敵は中、いっしょに守るよな？」同盟国に要求するエスパー」https://news.joins.com/article/23859647）。

《（エスパー長官は）中国に対する態度を明確にせよと、韓国にも決断を迫っている。直《ただ》ちに在韓米軍の防衛費分担金をもっと負担せよという圧力があるかも知れない。あるいは、中国牽制《けんせい》用の中距離ミサイルを朝鮮半島に配備するよう要求してくる可能性もある。5Gなどの先端技術分野で、中国との協力をやめろという圧力もさらに強まるだろう。

しかし、中国に、米国の脅威に屈する考えはなさそうだ。26日、エスパー長官の寄稿文が出ると、直ちに外交部報道官が「全世界に数百の軍事基地を持ち、自国と遠く離れた海域まで軍艦と戦闘機を派遣している国家である米国のほうが、冷戦的な考え方をしているのではないか」と反論した。

一方、中国は韓国に手を差し伸べる。先週、楊潔篪共産党外交担当政治局委員が釜山に来て習近平主席の訪韓について話し合い、自分たちが望んでいることを告げた。

板挟みになっている我々の悩みは深まるばかりだ。米中両国が持ってきた請求書に韓国は耐えられるだろうか。絶妙の方法を考え出さなければならない。ためらっているうちに選択の瞬間がやってくる》

はたして「絶妙の方法」は見つかるのか？　同様のジレンマに悩むのは他紙も同じで、京《キョン》郷《ヒャン》新聞は社説でこう書く（2020年8月19日「[社説] 楊潔篪が訪韓、朝鮮半島が米中対立の戦場にならないようにしなければ」 http://news.khan.co.kr/kh_news/khan_art_view.html?artid=202008192019005&code=990101#csidx381fdd1b82594f4b8d0d051da073f01）。

《楊政治局委員の訪韓で、韓国は再び外交の試験台に立たされることになった。米中対決が激化すればするほど、韓国の外交的選択が難しくなるのは避けられない。明確な外交原則を持って賢く対応する以外に方法はない。韓国が譲歩できない核心的利益と価値を堂々と表明し、能動的に中国の同意を得る努力がなされなければならない》

「明確な外交原則を持って賢く対応する」とは、言うは易《やす》し行うは難《かた》し。米中両側からの強烈な圧力の中で、両大国を納得させられる案を出すのはきわめて困難だ。

次はソウル新聞の社説。板挟みにうめきながら自らを奮い立たせている（ソウル新聞「［社説］習近平の早期訪韓で合意、言うべきことを言う外交をしなければ」https://www.seoul.co.kr/news/newsView.php?id=20200824031008）。

《米中新冷戦の中で、韓国の外交は、戦略的曖昧《あいまい》さの中でも国益を優先する明確な外交原則と戦略を掲げて対応する必要が切実になった。習主席の訪韓では韓国の課題を中国にはっきり提示し、韓国が中国に譲歩できない対米関係の基準も明確に示したうえで、国益を極大化できる案を講じなければならない》

「譲歩できない対米関係の基準」とは韓米同盟のことだが、中国はこの絆《きずな》を緩め、いずれは切ってしまうために圧力をかけ続けているのだが……。

2・李仁栄統一相「冷戦同盟から脱皮して平和同盟へ」

では、文在寅《ムンジエイン》政権は韓米同盟をどう考えているのか？　政権中枢にある政治家の最近の発言では、2020年9月2日の李仁栄《イインヨン》（1964年生まれ）統一部長官のものが物議を醸《かも》した。

李仁栄は学生時代から一貫して活動し続けてきた極左政治家。1987年、高麗《コリヨ》大学総学生会長として大統領選挙直選制を勝ち取るための学生運動をリード。大学卒業後も、全民連などで活動し、00年に金大中《キムデジユン》政権で与党・新千年民主党に入る。第17代国会（04年〜08年）から国会議員となって、現在、当選4回。20年7月から統一部長官。政府組織法第31条の「統一部」によると、統一部長官は「統一および南北対話、交流、協力に関する政策の樹立、統一教育その他、統一に関する事務を管掌する」と規定されている。

彼は進歩的傾向のキリスト教連合団体である韓国キリスト教教会協議会を訪れ、こう述べた。

「朝米関係は朝米関係として解決し、南北関係は南北関係として解決しなければならない」

「韓米関係は、ある時点で軍事同盟や冷戦同盟から脱皮して平和同盟に転換することができると思う」

「冷戦同盟」とは、韓米同盟があることによって朝鮮半島では冷戦が続いているということで、典型的な左派の見方だ。これに対し、毎日新聞（韓国）はこう批判した（2020年9月7日「李仁栄長官『韓米平和同盟』を主張、北朝鮮と中国を代弁か」http://news.imaeil.com/Editorial/2020090618215250786）。

《朝鮮半島で冷戦が続いているとすれば、それは朝鮮半島の赤化《せっか》という夢から覚めることができずに、絶えず軍事的緊張を高める北朝鮮が誘発してきたからだ。韓米同盟に「冷戦同盟」のレッテルを貼るのは、こうした事実をごまかし、朝鮮半島での冷戦の責任を韓米同盟に押し付けようという意図によるとしか言いようがない。

平和同盟という言葉も空虚きわまりない。李長官が「平和同盟」の具体的な意味を明らかにしていないので推測するしかないが、軍事同盟に基づかない協力関係のようなものだろう。これは同盟ではない。軍事同盟のない同盟など虚構だ。古今東西、そのような同盟はなかった。

李長官がそういう事実を知らないはずはない。「平和同盟」という言葉には在韓米軍撤収という意味が隠れていると見ることができる。在韓米軍の撤収は、まさに韓米同盟の瓦解《がかい》である。これは北朝鮮と中国が狙っているものだ。特に中国は一貫して「韓米軍事同盟は冷戦時代の遺物」と主張している。その隠れた意図は在韓米軍の撤収だろう。李長官は北朝鮮と中国の報道官であっていいのか》

この社説を掲載したネイバーに寄せられたネチズンのコメントを見てみよう（「共感」が多い順に掲載）。

「どうしてこんなやつを長官にしたのだ」

「根っからの左派を統一部長官に起用したこと自体が大きな目的だったと思う」

「二重スパイの李仁栄を焼却してしまうべし」

「こいつの頭の中は1980年代の運動家時代のまま。これが長官とは恐ろしい」見る限り、韓米同盟を「冷戦同盟」とし脱皮すべきという李仁栄統一相の考えは、まったく支持されていない。

3・在韓米軍が韓国から去ってもいいのか？

ここで、中国を後ろ盾にした極左・文在寅政権の独裁によって圧殺されつつある韓国保守の主張を紹介しよう。

朝鮮日報の東北アジア研究所長を務める池海範《チヘボム》（1959年生まれ、北京特派員経験もあり）というベテラン記者の論考で、冷静な現状認識と妥当な判断が光る。彼はこれまで韓国が取ってきた「バランス外交」はもはや米中に通用せず、「米中間で曖昧《あいまい》な態度を維持し、経済的実利を追求するやり方」もこれ以上容認されなくなった。韓国は外交政策の基準を明確にしなければならないとし、3つの基準を示している（週刊朝鮮2020年6月9日「米中の間で…韓国の生存戦略は？」https://weekly.chosun.com/client/news/viw.asp?ctcd=C07&nNewsNumb=002611100006）。〔　〕内、池海範。

《第一に、米中の朝鮮半島外交戦略の出発点が何かを肝《きも》に銘《めい》じなければならない。韓米同盟と韓中関係は根本的に違う。韓米同盟（と在韓米軍）は北朝鮮の軍事的脅威から自由韓国の生存と発展を担保してきた特別な関係である。この同盟がなかったら、今の自由で発展した韓国もない。

一方、韓中関係がないからといって今の韓国がなくなるわけではない。

1992年の韓中国交正常化以前も韓国は豊かだったし、その当時はむしろ中国の干渉から自由だった。韓中関係は軍事・安保的協力が排除された経済・社会的協力関係に過ぎない。

韓米同盟と韓中関係を同等に比較すること自体が同盟の価値を毀損《きそん》することだ。そのような点で「バランス外交」という言葉は中国の戦略に付和雷同《ふわらいどう》する側面がある。

米中の朝鮮半島戦略の根本的な違いは他にもある。「朝鮮半島に対する領土的野心と支配欲があるか」という問題だ。

米軍は、ベトナムとフィリピンでそうだったように、韓国民の大多数が希望すれば、韓国を離れるだろう。米国には朝鮮半島を支配する欲がない。米国の中国牽制戦略も、韓国があればより良いが、なくても可能だ。日本、オーストラリア、ベトナム、インドとの協力だけでも米国は中国を牽制できる。

中国は違う。過去千年以上、朝鮮半島を自分の属国と見なしてきた中国は、過去の影響力を回復しようとしている。朝鮮半島を再び手に入れ、在韓米軍を追い出してこそ、安心して中国の軍事力は太平洋に進むことができる。

もし韓国が米国と決別して中国と手を握るなら、これまで韓国が南方三角〈韓米日〉を通じて享受してきた自由民主の政治体制と経済的繁栄、人権と法治の土台は丸ごと失われるだろう。

そして、韓国が北方三角〈中露朝〉体制に入れば、今、香港がやられているような中国共産党による全体主義の反自由、反民主、反人権、反法治の暴圧に苦しむ覚悟をしなければならない。

2017年末の文大統領の訪中時に受けた冷遇と侮辱を考えれば、中国は米国と決別した脆弱な韓国をいっそう無視して踏みにじるだろう。

また、中国は、朝鮮半島を再び手に入れれば、その後千年以上支配するだろう。私たちが20世紀後半から21世紀初めに享受した自由と豊かの時代は終わり、私たちの子どもの世代は中国の属国体制で二等国民として中国人に頭を下げながら生きていかなければならなくなるかもしれない。
韓国政府は、対外戦略を決定する際、このような根本的な問題を念頭に置かなければならない》

至極《しごく》もっとも、日本人も心して聞くべきだ。中国には領土的野心がある。米国にそれは皆無で、ロシアも現状維持で北方から拡大する兆候はない。だが中国は違う。たとえば北海道は露骨に狙われている。釧路《くしろ》を押さえれば、中国は広々とした太平洋を満喫《まんきつ》できるようになるではないか。

4・政府と国民が一致団結して中国に対抗せよ

さらに引用を続けよう。

《第二に、いかなる選択が、韓国の外交原則を守るうえで役立つかである。外交原則とは、いかなる国家に対しても、韓国の領土と主権、国民の生命と財産、自由民主の政治体制と人権と法治を守護するという点を明確にすることだ。

また、特定の目的のためにこの原則を放棄した低姿勢外交をしないという意志も必要だ。韓国自らこの原則を放棄すれば、他国はこの原則を踏みにじろうとする。サードミサイル外交が代表的だ。

サード配備をめぐり、朴槿恵《パククネ》政府は「韓国の軍事主権について他国は干渉できない」という原則を最後まで貫徹しなかった。そして三無（米側から要請はなく、協議もしておらず、決定したこともないとする）政策で中国の顔色をうかがった。

文在寅政府も三不合意で韓国の軍事主権に中国が干渉する道を開いた。北朝鮮の核の脅威が増大し、韓国もサードミサイルを増強すべき時に「中国の許可」を得ることを約束したのだ。

このような低姿勢外交から脱皮するには、中国が韓国の主権と国益を侵害した時、政府は中国と対決してでも国益を守護するという断固たる立場を明らかにしなければならない。

北朝鮮の「瀬戸際戦術」が中国を動かすように、韓国政府と国民が一致団結して中国に対抗する決意を見せれば、中国も韓国にむやみなことはできない。

国家主権を守る過程で「限韓令（韓流禁止令）の解除」のような中国の小さな餌《えさ》にこだわってはいけない。最近まで「限韓令のようなものはない」と言っていた中国が、今、「習近平訪問時に限韓令が解除される」と言ってニンジンをぶら下げて振ってみせている。

韓国はこの4年間、中国の経済報復にもよく耐えてきた。日本の経済報復にも屈しなかった。経済力世界10位圏の韓国は決して小さな国ではない。中国に頭を下げる必要はない。

韓国社会の一部から出ている「利益ご都合主義」を警戒しなければならない。目先の利益のために、国家主権と子どもの世代の未来を台無しにすることはできない。

第三に、確固たる原則と価値の上で国益を貫徹するために、多様な外交戦術を模索できる柔軟性だ。原則と価値という地を足で踏み固めていれば、外交戦術では柔軟性を発揮してもかまわない。

例えば、安保のような本質的な問題を除く非本質的な分野では中国を刺激する必要はなく、むしろ交流協力を増やしてもいい。

米国より大きな中国市場を当分の間活用しなければならないが、中長期的には中国に対する貿易依存度を下げる努力も必要だ。

中国との経済協力は短期的に利益が上がるかもしれないが、長期的には技術と産業を食われてしまうおそれがある。かつて中国に進出した韓国の繊維、家電、携帯電話がそのような結果に終わった。

米国の後ろには「ファイブ・アイズ」と呼ばれる5カ国、すなわち米国、英国、オーストラリア、ニュージーランド、カナダの市場があるという点も見逃してはならない。米国中心の陣営は先端科学技術の面で中国より優位にある。韓国がこれらの国との協力を通じて技術力でリードすれば、中国市場は自然に付いてくる。

韓国が大国の不当な圧力を牽制するには、オーストラリア、インド、ベトナムのような中堅国との共同行動が必要だ。大国は特定の国に報復することは容易だが、複数の国に同時に報復するのは難しい。

文在寅政府がこの3年間の対中・対北朝鮮外交からどのような教訓を得たのかは分からない。しかし、中国の戦略的利益が韓国と決して一致しないという点、中国は北朝鮮の非核化よりも北朝鮮政権の安定を重視しているという点、中国は朝鮮半島問題で韓国が望むとおりには動かないという点、北朝鮮は南北の協力と交流を体制への脅威という観点で見ているという点は理解したと信じる。

今年下半期の習近平主席の訪韓は韓国の外交と対北政策にとって「万能薬」にはなりえない。この点を明確に認識するなら、米中新冷戦期の韓国の外交が動揺することはないだろう》

要するにこれまでのバランス外交（コウモリ外交と揶揄《やゆ》されもした）はもう終わり。では米中のどちらにつくか？　答えは米、これこそが外交原則だということだ。じつに明快だ。

5・国境を越えて米大統領に直訴する韓国保守派

政権与党陣営による不正選挙が疑われる、4月15日の第21代総選挙で惨敗した韓国保守は、それからほどなくして23日、意外な方法で反撃に出た。大統領府の請願掲示板で訴えたのだが、そのサイトはなんと、青瓦台《チョンワデ》ではなくホワイトハウスだった。請願掲示板「WE the PEOPLE」に次のような英文の請願が上がった。

《INDICT & ARREST Moon Jae-in for SMUGGLING the ChinaVirus into the US & ENDANGERING the national security of US & ROK!（中国ウイルスを米国に密輸し、米国と韓国の安全保障を危険にさらしている文在寅の起訴と逮捕を！）》

韓国保守派が、米大統領に文在寅を逮捕して起訴してほしいと訴えたのだ。韓国は米政府の管轄《かんかつ》でもなく、ホワイトハウスが回答する相手でもないのに、だ。

《文在寅を逮捕・起訴する命令を下す根拠は、マドゥロを逮捕して起訴する命令を下すよりもはるかに深刻である（2020年3月、米当局はベネズエラのマドゥロ大統領を麻薬密輸などの罪で起訴した。マドゥロ政権がコロンビア革命軍FARCと共謀して米国に大量のコカインを流入させた容疑だ）。

第一に、文在寅は、中国ウイルスを米国に密輸した中心人物で、米国民を虐殺するという罪を犯した。

第二に、文在寅は、極東地域において米国と一番の血盟関係にある韓国の国家主権を不法に簒奪《さんだつ》し、韓米同盟の安全保障を危険にさらすという罪を犯した。

第三に、文在寅は共産主義の北朝鮮、共産主義の中国、ディープステート（闇の政府）を後ろ盾に結託し、インド太平洋地域の地域安全保障を恒久的に崩壊させる罪を犯した。

請願者：キム・イルソン教授、太極旗《たいきょくき》国民評議会　請願日：2020年4月23日木曜日》

現在（2021年3月末）も125万を超える同意を集め、堂々、米国で1位に立っている。自国のことを自力で、自国内で解決しようとせず、米大統領に泣きつく……ふつうの国ではまず考えられない、じつに韓国的な現象だ。

6・文在寅大統領の「終戦宣言」プランと北の仕打ち

文大統領は2020年9月23日午前1時半、国連総会一般討議の基調演説（録画によるテレビ演説）でこう述べた。

「終戦宣言こそ、朝鮮半島における非核化とともに恒久的平和体制の道を開く門になるだろう」

じつは朝鮮戦争はまだ終わっていない、休戦状態だ。もし終戦を宣言したなら、韓国を守るために置かれている国連軍は不要となり、在韓米軍の撤収につながる。だが北朝鮮の核問題が解決しないまま、在韓米軍が韓国から引き揚げたら、北が非核化に応じる可能性はほぼ完全になくなる。したがって、今のところ終戦宣言は、韓国の立場では無謀な非現実的なプランのはずだが、米国の懸念をよそに文大統領は公言してはばからない。

だが、そんな文在寅をあざ笑うかのように、北朝鮮は世界の人々を震撼《しんかん》させる残酷な殺人を行った。

北との境界に近い延坪島《ヨンピョンド》近隣の海上で、韓国海洋水産部（部は省に当たる）の漁業指導船「ムクゲ10号」の船員（47　海洋水産部所属の公務員）が海に転落して漂流。北朝鮮の領域に流れ着いたところ、北朝鮮軍は救助せず、長時間放置した末、なんと射殺し、遺体を海上で焼いた。遺体が焼かれたのは9月22日の午後10時頃で、北は当然、まもなく公開される文大統領の国連演説を知っていたはずだ。

こんな仕打ちを受けながらも、文大統領は国連演説内容を撤回することはなく、またこの事件を韓国民に知らせるのも遅らせた。

韓国軍当局によると、行方不明になった船員は、21日午前は勤務の予定だった。同僚たちは21日午前11時30分頃、昼食時間になっても姿を現さなかったことから、彼の失踪《しっそう》を知った。同日午後1時ごろ上部に通報。午後1時50分から海洋警察・海軍航空機などによる捜索が行われ、午後6時からは大延坪島《テヨンピョンド》・小延坪島《ソヨンピョンド》海岸線一帯を精密に捜索した。延坪部隊の監視装置の録画映像では、特異な事項は発見されなかった。

韓国軍当局は、行方不明翌日の22日午後3時30分頃、トゥンサン岬付近の海上で、救命胴衣をつけ浮遊物につかまって浮いていた船員を北朝鮮水上事業所の船舶が捉《とら》えたことを把握した。この時、彼は疲労困憊《こんぱい》した状態だった。

防毒マスクを着用した北朝鮮軍は一定距離を置いた状態で、船員の漂流経緯や越北の意思を確認した。以後6時間、北朝鮮軍は距離を置きつつ、息も絶え絶えの船員が流失しないように注意しながら、上部の指示を待った。

その後、北朝鮮軍は指示に従って、船員を射殺した。発砲した時間は22日午後9時40分頃。事後、北朝鮮が労働党統一戦線部名義で韓国側に送ってきた通知文によると「不法侵入者に対し、40〜50メートルの距離から、2発警告射撃をしたうえで、約10発の照準射撃を加えた」とのこと。

午後10時11分、延坪島の韓国軍の監視装置が遺体を焼く場面を捉えた。闇の中に炎が浮かんでいた時間は約40分間だった。韓国軍は、この怖ろしい状況をすべて知っていながら傍観《ぼうかん》していただけだった。

韓国民は動揺した。文在寅政権は自国民の生命を守る意思さえないのではないか？

一方、北朝鮮はこの事件について一切、言及しなかった。ただ、労働新聞（2020年9月25日「防疫部門こそ人民保衛、祖国保衛の前哨線」）で、「幹部は最大に覚醒し奮発して、我々の防疫障壁をさらに徹底的に固めていかなければならない」と記し、国外からのコロナウイルスの流入を遮断するための措置だったことを暗示した。

7・世界最大規模で、最も中国の中心に近い米軍基地・平澤

韓国保守派のデモには太極旗とともに星条旗が掲げられる。日章旗もごくまれに登場する。国防・安全保障ではとにかく米国頼り。これが現実で、米国も当面、いや当分、韓国を手放すことはない。

それをよく示しているのが平澤《ピョンテク》基地（キャンプ・ハンフリーズ）の驚くほどの充実ぶりだ。2017年7月、在韓米軍の兵力（2万8500人）の70％を占める米第8軍の駐屯地がソウル龍山《ヨンサン》から移転した。面積は約14・7平方キロ（目黒区と同じ）で、将来的には26・6

平方キロ（品川区の22・8平方キロより広い）にまで拡大される。米国外の米軍の単一基地としては世界最大だ。基地というより18・5キロの鉄条網《てつじょうもう》で囲まれた新都市で、住所はカリフォルニア州。充実した生活施設、米ドルの商圏、もはや小さな米国だ。

ジェイムズ・マティス国防長官（当時）が17年2月にヘリコプターで視察したとき「ワンダフル」と叫び、ドナルド・トランプ大統領（当時）も17年11月に見学し「非常に驚くべき軍事施設だ」と絶賛した（ニュース1 18年6月29日「[ルポ] ヤンキースタジアムの50倍…土を3メートル盛って造った米平澤基地」https://www.news1.kr/articles/?3358893）。

ここに陸海空軍の戦力が集中する。平澤基地と平澤港、烏山《オサン》空軍基地はそれぞれ直線距離で10〜20キロ内。米第8軍は長期的には韓国内91カ所に分散していた米軍基地を平澤（作戦ハブ）と大邱《テグ》（後方支援ハブ）の圏域に統合配置し、平澤を沖縄の米軍基地のように陸海空の統合基地として運営する。

トーマス・バンダル第8軍司令官は17年7月11日、記者懇談会で「漢江《ハンガン》（ソウル中央を流れる大河）以北に残る米砲兵旅団は北朝鮮の長射程砲に対応する対火力戦の必須戦力」としながらも「韓国陸軍がこれに代わる力量を備えたと判断されれば、砲兵旅団も平澤基地に移転する」と語った。

つまり、在韓米軍の戦力を北朝鮮の長射程砲の射程距離から外れた平澤（ソウルから南に64キロ）に移し、北朝鮮の在来兵器による攻撃から米軍の安全を確保するということだ。在韓米軍関係者によると「現在（18年6月）、在韓米軍の人員とその家族を含め2万3000人ほどが平澤基地に居住しており、22年までに4万3000人が常住するようになる」という（京仁《キョンイン》日報2018年6月30日「『駐韓米軍平澤時代』開幕…2022年までに4万3000人が常住する」http://m.kyeongin.com/view.php?key=20180630010011355）。

米国防総省が10年にまとめた4年ごとの国防計画見直し（QDR）によると「在韓米軍は前進配置（forward deployed）から家族を同伴する前進駐留（forward stationed）の形態に変わる。家族同伴勤務制が施行されると、韓国から非常事態地域に派遣できる在韓米軍の兵力が大きくなる」。つまり、米国防総省は、平澤基地を沖縄のようなアジアの軍事ハブとして活用することを計画しているのだ（中央サンデー2017年7月「半径20キロに陸海空集結、中国に最も近接した米軍基地」https://news.joins.com/article/21760726）。また、ここからなら、有事の際、家族らは瞬時に平澤港から海洋に抜け出せる。

平澤基地は、世界で最も中国の中心部に近い米軍基地だ。北京984キロ、上海824キロ、瀋陽《しんよう》621キロ、大連527キロと、すべて1000キロ内に入る。中国からすると、ここに中距離ミサイルを置かれると喉元に匕首《あいくち》を当てられるかたちになる。

完工するまでに要した費用は12兆ウォン前後。このうち92％を韓国が負担した。ボブ・ウッドワード『怒り』（原題：RAGE）によると、基地を見学したトランプ大統領はビンセント・ブルックス在韓米軍司令官に「どうして（韓国は）全額負担しないんだ？」と問い、ブルックス司令官は「機密に属する通信機器すべてとＳＣＩＦ（機密情報隔離施設）は米国が管理し、経費を出すよう法律で規定されている」「韓国が１００％負担していないのはこの法規制があるから」と説明した（１２７頁）という。

在韓米軍駐留経費の韓国の負担額を決める韓米の交渉は難航している。米側が大幅な増額を要求しているからだ。基地周辺では左派の市民団体が「米軍基地返還」「米軍撤収」を訴えている。そのため、場合によっては、兵力の縮小ということはあるかもしれない。

しかし、この平澤基地を米国が捨てることは考えられない。米国にとっては文在寅政権も含め、韓国左派の意思や意見など関係ない。米中対立が激化するなか、平澤基地を放棄するなど、米国には戦略的にありえないと見るべきだ。

韓米は形式的には同盟ではあるが、対等ではない。支配関係は明確だ。「価値観、負担、リスクの共有」が同盟の構成要素（佐藤正久参議院議員による）だが、支配関係であれば有無を言わさず力で動かせるので、価値観など重視しなくても問題なく、負担・リスクはできるだけ相手に負わせればいい。韓国の立場には属国の悲哀が漂《ただよ》うが、これが国際関係の冷厳な現実であり、程度の差こそあれ、日本も同じだ。

韓国は中国に呑み込まれつつあるが、足首は米国がしっかり握っている。そして、いざとなれば、米国は力ずくで中国の胃袋に収まった韓国を引き出すだろう。

今はまだ、そういう段階だろうと筆者は見ている。

8・「中国共産党創立百周年を心よりお祝いいたします」

2020年11月3日に行われた米大統領選挙は大接戦の末、2期目を迎えるトランプ大統領が、民主党のバイデン候補に逆転を許した。郵便投票での大きな票差が決定的だった。

年が明けた1月6日午後、上下両院合同会議が開かれ、ペンス副大統領の進行で州ごとに選挙人団の投票を開票した。途中、議事堂にトランプ氏の支持者らが乱入、4人が死亡するなど大混乱となり議事が妨害された。約6時間中断したが7日未明、バイデン次期大統領とカマラ・ハリス次期副大統領の勝利が最終的に認定された。結果に承服しないトランプ氏が欠席するなか、1月20日、バイデン氏が第46代米大統領に就任した。

その数日後、韓国の文在寅大統領が意外な行動に出て、バイデン新政権の眉をひそめさせた。

「中国共産党創立百周年を心よりお祝いいたします」

1月26日、文大統領は習近平主席と電話で会談、次のように祝意を表した（中国共産党機関紙・人民日報2021年1月27日「习近平同韩国总统文在寅通电话」 http://paper.people.com.cn/rmrb/html/2021-01/27/nw.D110000renmrb_20210127_1-01.htm）。

「習近平主席の堅固な指導の下、中国は防疫で成功を収め、全世界の主要国家の中で唯一プラス成長を遂げました。中国の国際的な地位と影響力はますます上がっており、次の100年の奮闘という目標を実現するために重要な一歩を踏み出しました」

15年9月、朴槿恵大統領が中国の戦勝式典に出席し、習近平、プーチンとともに天安門城楼《じょうろう》に立った時の光景が思い起こされる。

朝鮮日報は「きわめて異例のこと」だとし、「バイデン政府が最優先の外交政策として、中国牽制のため全世界の民主主義国家の連帯を強調しているなか、中国が『弱い輪』である韓国を揺さぶろうとしたと解釈される」と報じた（2021年1月28日「『共産党100年、おめでとうございます』文発言…中国、バイデンに、これ見よがしに大々的報道」https://www.chosun.com/politics/2021/01/28/7MGXF4NWPVAZLIES2A2AJVJ4ME/）。

この影響からか、バイデン大統領と文大統領の最初の電話会談が実現したのは、バイデン大統領の就任から14日後の2月4日。今世紀に入ってから、歴代で最も遅い米新大統領と韓国大統領の電話会談だった。ちなみに菅義偉《すがよしひで》首相とは1月28日に電話で話している。

2月10日、バイデン大統領は、習近平主席と電話会談し、中国の強引で不公正な貿易慣行や、香港での民主派への弾圧、新疆《しんきょう》ウイグル自治区での人権侵害などについて懸念を示し、台湾問題も取り上げた。だが、習近平主席は「香港、新疆、台湾の問題は中国の内政だ」とし「介入してはならない」とはねつけた。

3月25日、バイデン米大統領は就任後初の公式記者会見を行い、米中関係を「21世紀における民主主義と専制主義の闘い」とし、中国への強い対決姿勢を鮮明にした。

9・「韜光養晦」から「戦狼」へ、敵は日本だ

習近平は中国共産党総書記に就任した際、「中国の夢」を実現すると宣言し、こう付け加

えた。

「この夢には、数世代の中国人の宿願が凝集《ぎょうしゅう》されている」

「過去を振り返ると、立ち後《おく》れれば叩かれるのであり、発展してこそ自らを強くできるということを全党同志は銘記しなければならない」

「歴史が伝えているように、各個人の前途命運は国家と民族の前途命運と緊密に相連なっている。国家が良く、民族が良くて初めて、皆が良くなることができる」

「立ち後れれば叩かれる」とは「歴史が伝えていること」、近代に入って中国が経験した屈辱と苦難だ。そして強くなって、「叩かれた」恨みを晴らすことこそが「数世代の中国人の宿願」だという。こういう怨念《おんねん》めいた思いは、じつは習近平の総書記就任以前から共産党の首脳部が意図的に中国の国民の心に植え付け、育《はぐく》んできたものだ。

改革開放政策で経済的に豊かになった中国では、共産党の独裁に反対して民主化を求める声が高まった。その頂点が１９８９年6月の天安門事件だった。中国共産党は、軍を動かして天安門に集まった学生たちを虐殺、民主化運動を粉砕した。

この深い傷を覆《おお》い隠し、独裁体制を守り、国民を全体主義でまとめるために中国共産党が利用したのが、19世紀半ばのアヘン戦争以来、帝国主義列強の侵略を受けて半植民地化された屈辱と苦難の記憶だった。

94年8月、江沢民は「愛国主義教育実施綱要」を発表した。国を挙げて「教育」で愛国主義を盛り上げる。その材料として怒りをぶつける対象にされたのが日本だ。「韜光養晦《とうこうようかい》」（爪を隠し、才能を覆い隠し、時期を待つ）外交の内側で、反日教育が活発に行われ、強烈な反日感情が醸成されていった。

習近平の時代に入り、共産党は2014年2月、2つの国家記念日を制定した。9月3日の抗日戦争勝利記念日と12月13日の南京大虐殺犠牲者国家追悼日だ。露骨な「反日」記念日である。

そして、15年9月3日の抗日戦争勝利記念日に行われた軍事パレードに朴槿恵大統領が出席し、17年12月13日の南京大虐殺犠牲者国家追悼日に文在寅大統領が訪中した……。

中国の外交姿勢は「韜光養晦」から好戦的な「戦狼《せんろう》」に変わった。中国は時間をかけて研《と》いできた爪を外に向けてきたのだ。敵意、憎悪《ぞうお》、復讐心。中国で渦巻く負の感情は、とりわけ、私たち日本に注がれている。この事実を忘れてはならず、軽視してもならない。

あとがき

韓中を中心に語り、韓米についてもふれたが、日韓についても少しだけ記して終わりにしたい。２０２１年２月２日に公表された韓国の国防白書で、２年前の前回、「同伴者」とされていた日本が「隣国」と変更された。一方、中国は「戦略的協力同伴者」となった。李《イミ》明博《ヨンバク》政権は北朝鮮を「敵」としたが、文在寅《ムンジェイン》政権はそれを削除した。

まず、この数字を見てほしい。

▼２０１９年名目ＧＤＰ
日本　５兆８１８億ドル　韓国　１兆６４６７億ドル　日本の約32％
▼一人あたり名目ＧＤＰ
日本　４万２５６ドル　韓国　３万１８４６ドル　日本の約79％
▼２０００年名目ＧＤＰ

日本　4兆8880億ドル　韓国　5760億ドル　日本の約12％（出典：世界銀行）

▼2021年の防衛予算

日本　5兆4000億円（防衛省）　韓国　4兆7500億円（52兆9174億ウォン）1
00ウォンを9円で計算　日本の約88％

▼2018年の防衛予算のGDP比

日本　0・92　韓国　2・62　日本の約2・8倍（出典：世界銀行）

この約20年で、韓国のGDPは日本の12％から32％まで上がった。一人あたりだと、もう日本の約80％に達する。日韓の防衛費は、中央日報の試算では25年に並び、26年以降は韓国が上回る（2020年9月1日「来年の国防予算52兆9000億ウォン　文政権発足4年間で12兆ウォン増加」https://news.joins.com/article/23861838）。

経済力を高め、軍事力も増強している韓国の仮想敵国は、どこか？　かつては北朝鮮だった。38度線を越えて攻めてくる朝鮮人民軍を想定して、陸軍の戦力を充実させていた。

しかし、今は違う。

国防白書に続き、東亜日報《トンアイルボ》が島根県竹島への自衛隊の侵攻を想定した防衛計画を韓国軍が策定していたと報じた（2021年2月11日「軍、日本の独島〈竹島〉侵攻シナリオに対応する文書を作っていた」https://www.donga.com/news/Politics/article/all/20210211/105380064/1）。

韓国は海軍の強化に力を入れている。軽空母を造るという。この計画の発端は盧武鉉《ノムヒョン》政権時代（2003年～08年）に遡《さかのぼ》る。「将来、周辺国との紛争で米軍の支援なく独自に戦うことができる大洋海軍を建設する」として独島《ドクト》級3番艦の建造が決まった。

しかし、李明博政権（2008年～13年）の時に、天安艦沈没事件、延坪島《ヨンピョンド》砲撃事件と北朝鮮による攻撃が続き、北朝鮮の非対称戦力に備えることを優先すべきと判断され、計画は取り消しになった。それが、文在寅政権（2017年～）に入り「南北関係が改善するとしても不特定の脅威に対応するためには国防力が必要だ」「自主国防と戦時作戦統制権転換のためにも軍事力の向上が重要だ」として、「次世代大型輸送艦事業（ＬＰＸ－Ⅱ）」と改称されて復活した。

鄭夢準《チョンモンジュン》（1951年生まれ、保守政治家）によると、盧武鉉政権時代、韓国政府が米国側に対し、「日本を事実上の主敵と規定する」提案をしたことがあったという。

鄭夢準は「当時のある閣僚級会談で、韓国政府は米国に対し、日本を仮想敵国（hypothetical ememy）と呼んだ。軍事戦略上の主敵という表現は使わなかったものの、事実上、主敵だった。韓国と日本が同じ自由民主主義国家として、そうでない国に対抗するために協力することを望んでいた米国側は非常に当惑していた」と証言した（ニュース1　2012年7月2日「鄭夢準『盧武鉉政府、米国に日本を〈仮想敵国〉とするよう提案』」https://www.news1.kr/articles/?723611）。

2007年11月にソウルで盧武鉉と会談したゲーツ元米国防長官も、回顧録『イラク・アフガン戦争の真実』（原題：DUTY）で盧武鉉について「反米派で、少し頭がおかしい（crazy）と思った。彼には、アジアにおける安全保障の最大の脅威は米国と日本だと言われた」（433頁）と記している。

韓国が軽空母の建造に乗り出した大きな理由として、「いずも」を改修して日本が軽空母を持ったことへの対抗意識があるだろう。艦載機を離着陸させられる「大型空母」ではなく、短距離離陸・垂直着陸機だけを運用できる「軽空母」だが、日本が空母を保有するのは戦後初めてのことだ。

しかし、韓国が軽空母を持ったとして、実際に、どういう使い道があるのだろうか？日本の場合はクアッドの一角でもあり、安全保障上、大洋で米軍に協力する具体的な目的がある。日本は尖閣諸島をめぐり中国と鋭く対峙《たいじ》してもいる。が、韓国にはそういう事情はない。

韓国は軽空母をどこで使うのか？　相手が日本なら、距離が近いので戦闘機が陸から飛んでいけばいいだけで、空母は必要ない。日本海に浮かべたところで、無用の長物だ。輸送艦としての用途なら少しはありそうだが、しかし、揚陸艦《ようりくかん》としては……。兵員をたくさん乗せてきて、日本に揚陸することでも想定しているのだろうか？　日本海を制し、日本に上陸して暴れまわってみたいという夢想も、あの妄想にとらわれて燃え続ける反日感情からするとあり得なくもないのかもしれない。

元《げん》と高麗《こうらい》の連合軍による日本侵攻の史実が彷彿《ほうふつ》とされる。思いがけない戦術を使う異人の大軍勢を迎え討った鎌倉武士たち。血しぶきの舞う激闘、阿鼻叫喚《あびきょうかん》の惨劇……。

韓中は連携して執拗《しつよう》な反日活動を続ける。韓国も経済的に余裕ができれば、道理をわきまえ、私たちと分かり合えるようになる。反日感情も鎮《しず》まり、反日活動も弱化していくだろうという期待は裏切られた。

ポンペオ長官は「貧しい中国も、豊かになれば、やがて私たちと価値観が共有できる国になるのではないかという楽観的希望があった。しかし、それは間違いだった」と語った。この発言中の「中国」は、「韓国」としても成り立つ。私たちは、もうひとつのモンスターを造ってしまったのだ。
韓国を、どう扱うか？　将来世代が苦しむことのないよう、知恵を集め、果断に行動すべき時だ。

最後に謝辞を。私を見出《みいだ》し、編集長につなぎ、執筆中も何かと支援してくださったオンザボードの和田憲治さん、私に書く機会を与え、主題や構成の面で貴重な助言をくださった花田紀凱編集長、編集実務を担当してくださった工藤博海さん、川島龍太さん、そして、本書を手に取り、お読みくださった皆様、ありがとうございました。

令和3年　仲春　山本光一

山本　光一（やまもと・こういち）

1958年生まれ。早稲田大学第一文学部卒業。1989年から96年までソウルで暮らし、延世大学延世語学院などで日本語を教えながら、韓国の言葉、文化、社会事情を学ぶ。帰国後、韓国語の翻訳者として、主に各テレビ局の韓国・北朝鮮報道で、翻訳や取材、リサーチに携わる。本書が初の単行本。

中国に呑み込まれていく韓国

2021年4月26日　第1刷発行

著　者　山本光一
発行者　大山邦興
発行所　株式会社 飛鳥新社
〒101-0003　東京都千代田区一ツ橋 2-4-3　光文恒産ビル
電話　03-3263-7770（営業）　03-3263-7773（編集）
http://www.asukashinsha.co.jp
装　幀　神長文夫＋松岡昌代
印刷・製本　中央精版印刷株式会社

ISBN 978-4-86410-835-5

編集担当　工藤博海　川島龍太